丛书主编◎杨德军 朱传世

构建中西融合的芳草课程

北京市朝阳区芳草地国际学校
遨游计划成果

▶ 刘 飞◎主编 ◀

北京师范大学出版集团
北京师范大学出版社

图书在版编目(CIP)数据

构建中西融合的芳草课程：北京市朝阳区芳草地国际学校遨游计划成果/刘飞主编．—北京：北京师范大学出版社，2020.6
"遨游计划"首都课程创新丛书
ISBN 978-7-303-25495-8

Ⅰ.①构… Ⅱ.①刘… Ⅲ.①小学教育－教育研究－成果－汇编－朝阳区 Ⅳ.①G622.0

中国版本图书馆 CIP 数据核字(2020)第 020322 号

营 销 中 心 电 话　010-58802135　010-58802786
北师大出版社教师教育分社微信公众号　京师教师教育

出版发行：北京师范大学出版社　www.bnup.com
　　　　　北京市西城区新街口外大街 12-3 号
　　　　　邮政编码：100088

印　　刷	保定市中画美凯印刷有限公司
经　　销	全国新华书店
开　　本	787 mm×1092 mm　1/16
印　　张	15.75
字　　数	218 千字
版　　次	2020 年 6 月第 1 版
印　　次	2020 年 6 月第 1 次印刷
定　　价	60.00 元

策划编辑：冯谦益	责任编辑：张静洁
美术编辑：焦　丽	装帧设计：焦　丽
责任校对：康　悦	责任印制：马　洁

版权所有　侵权必究
反盗版、侵权举报电话：010-58800697
北京读者服务部电话：010-58808104
外埠邮购电话：010-58808083
本书如有印装质量问题，请与印制管理部联系调换。
印制管理部电话：010-58807745

丛书编委会

主　　任：方中雄　李　奕

主　　编：杨德军　朱传世

编　　委：马　可　黄晓玲　范佳午

本书编委会

主　　编：刘　飞

执行主编：张　龙

编　　委：魏淑娟　穆　英　王　薏　丁兆惠
　　　　　刘文娥　辛士红　马海莲　张　宏
　　　　　刘　军　杨　媛　张　健　李丽红
　　　　　陈凤伟　于　芳　刘彦晖　杨　燕
　　　　　吴　阳　谢玉娟　袁　芳　张秀莉
　　　　　杜娟芳　刘　爽　韩艳英　褚永帅
　　　　　杨　洁　郝盼盼　冯甜甜　郭富章
　　　　　杨晓红　齐晓菊　何少杰　毛春苗
　　　　　陈　昕　赵梦媛　孙秀芬　马建坤
　　　　　陈　悦　王寿娟　田艺舟　王语谋

总序

ZONGXU

我国自2001年进入新一轮课程改革，到2010年课程改革10年反思之际，教育、课程、教学等方面的新老问题被聚焦。这些问题主要包括：学校课程供给的低效、单一、有限与家长、学生对于课程的高效、多元、多样化的需求之间存在矛盾；学校"教育－课程－教学－评价－管理"各环节之间互不搭界；学校育人模式单一且德学分治；学校层面和教师层面成为课程深化基础教育领域综合改革的瓶颈；学生课业负担重，学习效率低，学习效果差；学校课程建设体制机制僵化。

这些问题既有整体性的和全局性的，也有具体环节与要素层面的。如果简单地按照"头疼医头、脚疼医脚"的原则处理，可能会出现"按下葫芦浮起瓢"的局面。这就需要找到一个抓手，能"抓住一点遍及其余"，具有"牵一发而动全身"的功效。2010年7月29日备受关注的《国家中长期教育改革和发展规划纲要(2010—2020年)》正式发布，为我国教育改革提供了方向与依据。为落实纲要精神，促进首都基础教育公平、优质、创新、开放地发展，进一步提高首都基础教育现代化水平，结合创新型国家和世界城市建设的需要，2012年在北京市教育委员会(简称北京市教委)基础教育二处的统筹下，国家教育体制改革项目——部分中小学承担的课程建设研究项目启动。项目组选定了15所小学、12所中学、1所九年制学校共28所实验校开展前期研究和实践探索。

为深化此项研究，推进基础教育综合改革，进一步激发学校自主发展的活力，2013年，项目组在28所实验校的基础上扩大实验范围，增至41所，正式将项目命名为"北京市中小学课程创新实验——遨游计划"项目（简称"遨游计划"项目）。自此，"遨游计划"项目的基本宗旨也确立下来，即以"义务教育课程创新实验"为切入点，以下放课程建设的部分权力为路径，以问题、需求、特色为导向，以巧设计、多支持、少干预为原则，让实验校大胆改革，破除阻碍教育发展的体制机制，蹚出一条具有首都特色的义务教育课程创新之路。

2014年，又有2所学校在不申请经费的情况下自愿加入"遨游计划"项目，经审批，形成了41（+2）所实验校的局面。由于前期实验效果明显，社会反响好，2015年，北京市教委决定将实验校增至50所。在这期间，相关领导提出了项目的"低代价发展模式"，追求自主发展、生态发展、绿色发展；作为实验执行单位的北京教育科学研究院基础教育课程教材发展研究中心提出了"变量控制模式"，控制六个主要变量，科学设计"六位一体"首都课程创新战略。"六位"指"六位自主"，即"课程目标自主""课程结构自主""课程内容自主""课程实施自主""课程评价自主""课程主体选择自主"。"六位自主"是引导学校从课程建设的主体方面切入，将国家对于课程的基本要求与学校特色、学生需求相结合，充分利用好手中的自主权，激发学校课程活力，从而创新人才培养的模式，形成学校课程特色。"一体"指学校课程一体化建设，即学校在明确国家、地方、学校三级课程管理体系以及把握三级课程学时比例的基础上，结合学校特色和师生特点，融通三级课程，形成三级课程的整体推进方案和实践体系，达成课程整体育人的效果。"课程创新"是本实验的基本出发点和归宿点，要求各实验校在现有的课程政策、课程体系的基础上，调整课程各要素的关系，发挥各要素更大的效能，从而改进课程供给品质，创造更有价值的课程以及课程生产的新元素、新方法、新机制，从而获得更好的课程效益，解决课程领域的矛盾，满足课程各利益相关者的需求。

"遨游计划"项目实施 8 年以来,无论在项目管理方面还是在项目成果方面都卓有成效,积累了许多课程建设的典型经验。

一是确定了学校课程自主创新架构的三个基本原则:以"人的整体性发展"为核心,以"六位一体"为基本抓手,构建具有开放而综合特点的课程体系。

二是研制了基于"六位一体"模式的课程自主创新路线图,如下。

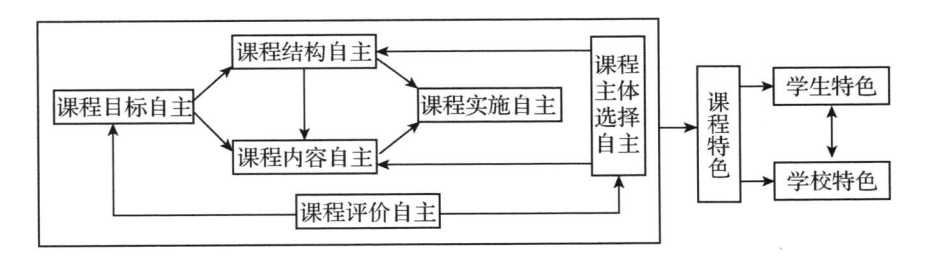

基于"六位一体"模式的课程自主创新路线图

三是形成了"六位一体"课程模式的特点。国家总督学顾问、联合国教科文组织协会世界联合会副主席陶西平先生总结了"遨游计划"项目课程创新的特点,即自主性、包容性、实践性、发展性、创新性、开放性。

四是探索出了课程创新的 12 步法则——精准破题—理论夯基—立柱架梁—有限行权—激活机制—重构课程—优化供给—身份塑造—多极关联—诊断评估—节点管理—现场推进,既实现流程管理目标,指明方向,降低风险,又提供课程创新内容和方法指导,加强专业引领,提升课程改革质量。

五是初步形成了基于课程整体育人的 50 个教育新架构、基于立德树人根本任务和中国学生发展核心素养的 50 个富有学校特色的课程体系,开发了 30 多个理论和实践结合的课程创新主题。

六是学校课程结构丰富多样,大小课、长短课等课程排课样式灵活多变,国家课程校本实践效果突出,教与学方式的变革提升了课程效益。各实验校积累了上千门的精品课程，学校课程管理变革提升了课程建设的品质。

"遨游计划"项目自实施以来，成果丰硕，市级项目组和许多实验校的成果在北京市乃至国家成果评比中斩获殊荣。2014年，2所实验校获基础教育国家级教学成果奖一等奖，8所实验校获基础教育国家级教学成果奖二等奖。在2016年全国教育科学成果评比中，1所实验校荣获优秀成果奖二等奖，2所实验校荣获优秀成果奖三等奖。在2017年北京市第五届基础教育教学成果奖评比中，"遨游计划"项目实验校共获奖31项，其中特等奖3项，一等奖10项，二等奖18项。在2018年基础教育国家级教学成果奖评比中，"遨游计划"项目实验校获评一等奖2项，约占北京市获奖总数（12项）的17%；二等奖11项，约占北京市获奖总数（28项）的39%。

北京市"遨游计划"项目组及实验校以对国家教育和学生负责的态度开展课程创新实验，积极作为，大胆改革，小心求证，破解了义务教育改革的难点，开创了义务教育课程改革的新局面，将人才培养模式变革落到了学生层面，在研究视角、研究内容、研究方式等方面取得重大突破。学生的课程需求向最大满足的方向发展，学生全面而有个性地发展、可持续发展和自主发展水平，以及教师的课程意识与水平得到普遍提升，学校课程文化成为学校文化的重要组成部分，实验成效在北京市乃至全国都产生了积极而深远的影响，"六位一体"课程体系成为首都品牌。

项目成果印证了基础教育改革坚持"从群众中来，到群众中去"的重要性和正确性，促进了课程理论与课程实际的结合，回应了教育改革和发展"为了谁、依靠谁和成果由谁共享"的重大主题。同时，项目的推进，为加快解决经济社会发展对高质量、多样化人才的需要与教育培养能力不足的矛盾，人民群众期盼良好教育与资源相对短缺的矛盾，增强教育活力与体制机制约束的矛盾提供了很好的案例。项目在北京市中小学校课程建设、育人模式改革、减轻学生过重负担、提高课程整体效益、促进学校内涵式发展等方面具有示范和推广意义。北京市 2015 年 7 月颁布的《北京市实施教育部〈义务教育课程设置实验方案〉的课程计划(修订)》就吸收了此项目的先进经验,其中大小课、长短课、学科实践活动课程、开放性科学实践活动、整体育人实践、自主课程实验等就是其集中体现。

  课程改革是教育改革的"牛鼻子",课程改革的空间很大,向课程要效益是现在和未来一直要做的工作。今天,我们以实验校的课程创新成果为依托,推出北京市"遨游计划"项目成果系列丛书:一方面是为了巩固课程改革成果,凝练北京市课程改革的典型经验,引领首都教育向着更高水平迈进,为全国同行提供参考,为课程建设的伟大事业添砖加瓦;另一方面是要加深课程理论研讨,深入课程内涵层面,把握好课程各要素和各种关系,加强协同,突破结构性、体制性障碍,探索具有中国特色的课程理论框架,让课程创新在纵横两方面全方位推进,以期获得更好的课程效益。这套丛书是从北京市课程的变革性实践中凝聚、提炼而来的,也可以说是北京市课程改革的缩影,希望它的现实之光,能照见课程改革的未来。

李 奕
2019 年 8 月 1 日

前言
QIANYAN

何谓课程？课程（curriculum）一词最早见于英国教育家赫伯特·斯宾塞（Herbert Spencer）《什么知识最有价值？》（1859）一文。它是从拉丁语"currere"一词派生出来的。课程何为？课程是实现教育目的、培养全面发展的人的基本保证。由此，仅有跑道是不行的，关键在用。"currere"一词的名词形式意为"跑道"，而其动词形式是指"奔跑"，让师生在跑道上跑起来，是我们对课程的基本认识。

在课程改革推进过程中，有一种说法时时伴随着我们，"人家以世界为课本，我们以课本为世界"。如何看待这种说法？"人家以世界为课本"，指向非常明确，可以给学生宽广的视野、丰富的见识；"我们以课本为世界"，同样可圈可点，可以给学生较为完备的、科学的、系统的认知。二者各具优势，一线工作者不可偏于一方，而应本着执两用中的态度，扎根中国大地，找到恰到好处的适度点，并在此着力。这也是芳草课程改革与实践的初衷与目标。

课程跑道的构建，突出理念、思路与策略。在理念指导这方面，我们尤为关注课程的立德树人属性和"全球共同利益"理念。教育要回答三个根本问题，即为谁培养人、培养什么人、怎样培养人，这些问题归根结底还是要通过课程来解决。陶行知先生在为《小学课程概论》一书作序

构建中西融合的芳草课程
北京市朝阳区芳草地国际学校邀游计划成果

时云:"盖课程为学校教育之中心,假使课程得有圆满解决,则其他问题即可迎刃而解。"2014年,教育部研制印发《关于全面深化课程改革 落实立德树人根本任务的意见》,把深化课程改革作为落实立德树人工作的切入点和着力点。2016年,《中小学生发展核心素养》出台,明确:中国学生发展核心素养,以科学性、时代性和民族性为基本原则,以培养"全面发展的人"为核心,分为文化基础、自主发展、社会参与三个方面。综合表现为人文底蕴、科学精神、学会学习、健康生活、责任担当、实践创新六大素养,具体细化为国家认同等十八个基本要点。2017年,中共中央办公厅、国务院办公厅印发《关于深化教育体制机制改革的意见》,明确提出要"注重培养支撑终身发展、适应时代要求的关键能力",要"培养认知能力""培养合作能力""培养创新能力""培养职业能力",这指示我们在课程体系建设中,要致力核心素养培养,特别是关键能力的提升。

2015年,联合国教科文组织出版研究报告《反思教育:向"全球共同利益"的理念转变?》。该报告秉承前两份报告(1996年研究报告《教育——财富蕴藏其中》、1972年研究报告《学会生存:教育世界的今天和明天》)的精神,对教育再次做出思考。时代在变,教育也必须变革。为了人类可持续发展的未来,《反思教育:向"全球共同利益"的理念转变?》重申人文主义教育观,提出"教育作为全球共同利益"的愿景。报告提出要"反思课程编排",强调人文主义课程和多元化课程,把课程建立在跨文化的基础上。这个报告为我们了解当下世界各国基础教育课程与教学改革的背景、现状、措施以及经验提供了依据。

在思路与策略方面,芳草课程明确以"国家课程校本化实施"为基本思路,借鉴和吸取国际先进课程理念,整体构建体现中西融合、科学与人文结合、全面发展与个性培养结合的国际化芳草课程体系。我们充分认识中国基础教育课程的优势,如课程内容结构严谨、课程内容选择的科学性较强、课程内容的呈现和排列具有很强的系统性和逻辑性……同时,我们借鉴国际优质课程理念,如联合国教科文组织《教育——财富蕴藏其中》中"四个学会"、PYP课程跨学科主题活动等，遵循"国家课程校本化实施"原则，以育人目标为核心，采取忠实、整合、拓展、创生策略构建课程。首先，"忠实"于国家课程，对国家课程进行系统、深入的学习和贯彻，进行校本化处理；其次，进行"整合"，学生身心发展的整体性、生活世界的多样性决定课程必须整合，我们将国际基础课程整合到六大领域——道德、语言、数学、科技、健康、艺术之中，确定具有国际化特色的领域目标；再次，进行"拓展"，让学生更好地理解学科，更好地把握住学科的本质，更好地发挥自己的兴趣，提升综合素养；最后，进行"创生"，我们将芳草课程定位为具有综合性、实践性、活动性的综合实践课程，以"主题探索"为主要形式，进行课内和课外相结合、线下和线上相结合的同步学习，转变教学方式，实现课程目标。

怎样在芳草课程跑道上跑起来？第一，要指向教师。教师责任重大，课程改革的成败，系于教师。学校一定要关注明师培养。明师非名师，此写法非笔误。何谓名师？名望高的教师、师父，目前大多指教育领域公认的有重大贡献和影响的学者、教师。何谓明师？"明师者，真师也，明心见性，日月合德之士也。"课程实施，须遇明师。明师要有高尚的道德，这是为师之基础；明师更要了解课程本真，做明明白白的教师，借课程帮助学生完善人格，提升智慧。为此，我们要在"三学、三教、三课"上下功夫。要善解学情，即了解学生、认识学习、把握学科；要善施教化，即理解教师、感悟教育、致力教学；要善为课业，即要理解课程、完善课堂、丰富课余。学校应把注意力更多地放在教师上，课程改革是通过教师实现的。

第二，要指向全面育人。课程是教育思想、教育目标和教育内容的主要载体，是学校教育教学活动的基本依据，直接影响人才培养的质量，课程实施必须要指向全面育人。课程要以学生和学习为核心，关注学生成长规律，注重以德为首、目标导向，学思并重、知行合一，长善救失、以舍求得，自信自律、天赋努力，藏息相辅、共生共荣；要根据学生个性特点，结合自身教育实际，突出四个清晰，即清晰学情、清晰

构建中西融合的芳草课程

北京市朝阳区芳草地国际学校遨游计划成果

目标、清晰过程、清晰评价,激发课程活力;要树立大课程观,突出协同育人,即学科协同、家校协同、教育教学协同、课内课外协同、线上线下协同……实现全员、全程、全方位育人,提升学生的获得感。

第三,指向课堂。国内外教育改革普遍认同"改革最终发生在课堂上"。一套好的课程方案只是一张蓝图,只有落实到课堂教学中才能变成鲜活的、富有生机与活力的课程……要推进课程改革,必须关注课堂。课堂教学的关注点宜定在"把握学科本质、软化学科边界、聚焦学思知行、提升综合素养"上。这样的课堂要突出四个问题:关注学科素养,突出带班育人,学会多样表达,让学习真正发生。课堂需重视跨学科主题综合实践活动设计,关注学科与生活、社会、新技术的关系,增长学生知识见识,提升学生综合素养。

第四,用考试撬动课程改革。作为学习的一个重要环节,考试永远不会过时。关键是考什么、怎么考。推动课程改革,用好考试这根指挥棒十分关键。新高考方案发布之后,很多人都说这是高中和大学的事儿,在我们看来,高考和小学的关系也很密切。学校会在每年开学第一周拿出中考、高考试题中的一些内容与学生沟通。学校还会适时组织学生、教师、家长开展研讨,通过做一做、讲一讲,认识到核心价值观就融在课程实践中、"四基四能"仍是重中之重、社会大课堂在成长中的作用突出,认识到重视发现、创新才能有更好的未来。每年的期末考试,学校要推出10%左右的新题。这些新题可以让学生体会到学科之间的融合,体会到学校生活和家庭生活、社会生活的关系。从"考宽考活"到"教宽教活",最终到学生的"学宽学活",在这个过程中,学生的综合素养提升了,学校课程也落地了。

全面落实立德树人的根本任务是时代要求,课程是重要载体。芳草地国际学校高度重视课程的科学构建与有效实施。让芳草师生在芳草课程的跑道上跑起来,我们一直在努力。

最后,不能不讲,编成此书,实属不易。书中观点、案例来自芳草干部、教师的不懈探索与实践,一并致谢!芳草课程一路走来,杨德军先生、王凯先生、朱传世先生、杨碧君女士、钱守旺先生给予全程关注、悉心指导，深表谢意！芳草课程构建与实施，离不开张宏、张龙及学术部、质量部全体同人的努力。特别是张龙，一直致力"从实际发生到实际获得，让学习真正发生"，在编写过程中，携编写团队，细读广博素材，深入反思、梳理与提升，促芳草课程再上一个台阶，甚慰！

北京市朝阳区芳草地国际学校　刘飞
2019.8

目 录

MULU

第一章　历史曾经响彻的声音　1

第一节　芳草课程建设的传承　4
一、扎实有效的学科教学　5
二、开放多元的第二课堂　8
三、具有全球视野的国际理解教育　11

第二节　新时代课程发展的趋势与挑战　18
一、国际教育的呼唤　18
二、中国教育改革的声音　21
三、芳草课程的挑战　26

第二章　打造当代先进儿童文化　31

第一节　从儿童的立场出发　34
第二节　以儿童全面而有个性发展为指向　34
一、顺应天性　35
二、培养习性　36
三、做到四个学会　36

第三节　为儿童构建适合的课程　38

一、课程是跑道　38

二、课程是奔跑　41

三、用考试撬动课程改革　45

第三章　构建中西融合的芳草课程体系　47

第一节　课程建设的目标　50

一、六大领域课程目标　50

二、六大主题课程目标　51

第二节　课程实施的四个策略　53

一、忠实策略　54

二、整合策略　55

三、拓展策略　55

四、创生策略　56

第三节　课程建设的结构　57

一、整体结构　57

二、内部关系　58

第四节　课程建设的内容　60

一、六大领域课程内容　60

二、六大主题课程内容　61

第五节　课程建设的特点　64

一、门类丰富多元　64

二、结构纵横贯通　64

三、内容开放综合　65

四、路径中西融合　66

目 录

第四章 芳草课程实施的印迹 67

第一节 课程实施指向整体育人 69
一、共学共事 70
二、习惯养成 70
三、学思知行 71

第二节 课程实施指向知行课堂 73
一、清晰学情 74
二、清晰目标 75
三、清晰过程 76
四、清晰评价 77

第三节 课程实施指向项目学习 78
一、活动准备阶段 79
二、活动实施阶段 80
三、活动汇报阶段 82

第四节 课程实施的两个典型案例 87
一、"红领巾的红军行"课程设置 87
二、"一带一路"课程设置 94

第五章 量表中的芳草课程评价 105

第一节 课程评价量表的基本内容与影响 107
一、课程评价量表的基本内容 108
二、课程评价量表的整合与改进 113

第二节 基于核心素养的评价量表的开发与实施 118
一、基于核心素养的评价量表的开发过程 118
二、基于核心素养的评价量表的具体实施 133
三、基于核心素养的评价量表的使用 147

第六章 探索芳草课程的管理机制 155

第一节 集团管理 158
一、集团化办学模式 158
二、集团化办学特色 159
三、集团化课程管理 164

第二节 学术管理 170
一、学术组织机构建设 170
二、课程开发机制 174
三、资源共享机制 178

第七章 芳草师生的实际获得 183

第一节 学生实际获得 185
一、热爱中国，关爱世界 185
二、自信乐群，会学善用 190

第二节 教师专业发展 199
一、芳草课程开发聚焦课程意识 199
二、芳草课程实施提升课程素养 202
三、芳草课程反思明晰课程方向 207

参考文献 231

第一章

历史曾经响彻的声音

第一章　历史曾经响彻的声音

芳草地国际学校发展到今天已经有60多年的时间，随着学校的不断发展和变迁，芳草课程也经历了一个从探索到卓越的发展历程。自1956年建校以来，纵观芳草地国际学校的历史，在课程建设方面，学校至今经历了三个发展阶段：重视学科教学的第一阶段，推动开放多元的第二课堂建设的第二阶段，建设具有全球视野的国际理解教育的第三阶段。每个阶段都有自己的特点，每个阶段都在前一阶段的基础上有所提升。"九层之台，起于累土"，正是由于一代代芳草人艰苦卓绝的努力和探索，芳草课程才生根发芽、枝繁叶茂。随着世界经济文化的发展，课程开发及改革的需求日益迫切，进入21世纪以来，中国全面推进素质教育，进行课程改革。芳草地国际学校也响应国家课程改革的号召，紧跟国家教育改革的步伐，对学生的学习情况进行了大量的调研，以期在课程评估的基础上，开发以培养具有"中国情怀、国际视野"的芳草学子为目标的芳草课程。

芳草地国际学校前身为芳草地小学，始建于1956年。学校建立之初，以招收外交部子弟、外籍人士子女、战斗英雄子女与劳动模范子女为主。1958年5月，东单区、东四区合并为东城区，芳草地小学划归朝阳区。1958年7月，北京市东单区芳草地小学移交朝阳区教育局（时为东单区教育局）管理，学校易名为北京市朝阳区芳草地小学（图1-1）。1973年，在周恩来总理的亲切关怀下，学校开始大规模接收外籍及港澳台地区学生入学，成为北京市建制最早、规模最大的国立公办涉外学校。1981年，学校被认定为北京市重点小学。2008年，学校更名为芳草地国际学校，实施集团化办学。2009年"六一"前夕，时任国家主席的胡锦涛同志来到芳草地国际学校，勉励中外小朋友要"心连心、手拉手，互相帮助，共同进步，长大以后把世界建设得更加和谐、更加美好"。2010年以来，学校进一步明晰"芳草教育"，坚持文化引领，不断优化育人方式，持续推进队伍建设、课程建设、质量标准建设、现代学校制度建设。悠悠芳草60余年办学，一直致力于中西教育融合，被誉为"小小联合国"和"世界小窗口"。建校以来，芳草课程作为学校实现育人目标的主要途径,在不同时期都发挥了重要的作用。

图 1-1　学校旧影

第一节　芳草课程建设的传承

"课程"一词是由拉丁语"currere"派生而来的,名词意为"跑道",动词意为"奔跑",让芳草师生在芳草课程的跑道上奔跑,是芳草课程的定位。

芳草课程基于教育方针、基于核心素养、基于国际化特色,运用忠实、整合、拓展、创生策略,以"道德、语言、数学、科技、健康、艺术"为基础学科领域,以"我爱芳草地、可爱的故乡、美丽的中国、多彩的世界、我想去那里、唯一的地球"为探索研究主题,整体构建课程体系,促进每一个学生全面而有个性地发展。

自 2012 年开始,在北京教育科学研究院以及朝阳区教育研究中心等机构的领导下,学校借助北京市"遨游计划"项目、北京市创新人才项目的实施,全面规划设计了芳草课程体系。芳草人根据"国家课程校本化实施"的指导思想,整合三级课程,构建中西融合、科学与人文结合、多实施途径结合的国际化芳草课程体系,在不增加课时、不增加负担的情况下,通过课程的有效实施实现培养具有"中国情怀、国际视野"的芳草学子的育人目标。

学校在课程建设方面,自建校至今经历了三个阶段:重视学科教学,推动开放多元的第二课堂建设,建设具有全球视野的国际理解教育。

一、扎实有效的学科教学

20世纪六七十年代,彼时的芳草地小学历经"文化大革命",1970年4月停办。随着我国在联合国的合法席位得到恢复,和我国建交的国家逐渐增多,1972年芳草地小学重建,并于1973年开始大规模接受外籍及港澳台地区学生。这一时期,芳草地小学的学科教学比较突出,取得了令人瞩目的成绩。

(一)语言学科

外籍学生的汉语课程是芳草地国际学校的品牌课程。但是在建校之初,课程开设面临着很多困难,外籍学生来自世界各地,汉语程度参差不齐,部分学生入校时更是没有任何汉语基础。在经历了反复的摸索之后,学校决定国际部的教学原则是要以汉语为教学语言,同用中国教材,同操中国语言,"以我为主,适当照顾"。

针对他们的实际情况,教师们积极探索给外籍学生上课的办法,创造和积累了宝贵的汉语教学经验。例如,用歌谣、顺口溜的形式,帮助学生尽快学会一些课堂常用语、文明礼貌用语、日常生活用语等。开设汉语补习班,由经验丰富的教师为外籍学生补习汉语。虽然与中国学生同用中国教材,同操中国语言,但在使用时删去了政治性较强的文章,取而代之的是外籍学生喜闻乐见的文章。在这个阶段,教师们也强烈感受到应该给国际部的学生编写一套自己的汉语教材,对编写怎样的教材,教师们也渐渐有了比较明确的看法和观点。

国内部的语文教学进行了改革,低年级(1~3年级)发挥汉语拼音多功能作用,提前读和写,重在培养识字、阅读、写话的能力;中高年级(4~6年级)听、说、读、写协调发展,调动学生积极性,发挥学生主体作用,培养学生思维能力、自学能力、朗读与写作能力,写作教学贴近生活实际,减少对学生的束缚,鼓励学生自由表达和有创意地表达,引导学生写作前对生活进行体验,在体验中培养学生观察、思考和表达的能力。

经过讨论,英语学科使用方碧辉老师编写的英语教材,强调中低年级阶段听、说领先,并在自然语流中接触正确的语音、语调。这一阶段的研究为之后英语学科的快速发展奠定了基础。

(二)艺术学科

针对美术学科,荣景甡老师琢磨出"话+画"的教学方式。国际部学生学习的最大障碍是语言不通,普遍的现象是一个班十几个学生,来自五六个国家,操着不同的语言,英语和法语对大部分学生来说都是外语。用英语作为教学媒介语无法满足师生的需求。荣景甡老师使用了一种"话+画"的教学方式,解决教学中的语言障碍。"话+画"的方式,就是在美术教学中,口说简单汉语加上在黑板上画简笔画,边说边改变画面,有了形象的图画,学生对比较复杂的事物就很容易明白了。

音乐学科的教学借鉴了美术学科的经验,制作了适合外籍学生学习的挂图。学生在学习音乐理论、声乐的同时,还要结合打击乐器、口琴、手风琴练习,学习使用五线谱识记曲调。

(三)体育学科

为了认真贯彻德智体全面发展的教育方针,在杨德纶校长的支持下,芳草地小学在日常教育教学中十分注重学生体育方面的发展。关槐秀老师根据不同年龄学生的特点，量身定做课程内容，使每一个学生都能真正感受到体育运动的快乐。关老师认为："刚入小学的一二年级儿童正是长身体、长知识的时候，加强这个时期学生的体育运动，不仅对促进他们身体发育、增进健康具有重要意义，而且有助于他们德育和智育的发展。"当时芳草地小学独具特色的体育教育，成为全市乃至全国的一个亮点，成为其他学校学习的榜样。[①]

1. 了解学生，量身定做

开学初，体育老师与校医和班主任配合，全面检查学生的身体，对学生的年龄、性别、生长发育和疾病情况进行分析研究。此外，还要通过家访和个别谈话的方式，了解学生的家庭情况和学前教育情况，以便在教学中做到量身定做，因人施教，选择适合每个学生的活动，让每个学生都能快乐地参与其中。对有先天性疾病的学生给予更为细致的关怀和照顾。体育学科针对学生设计的绳操和投"手榴弹"项目以及"找朋友""小燕子"等体育游戏（图1-2）都很受学生欢迎。

图 1-2 体育游戏掠影

[①] 樊秀丽：《芳年华月 草生木长——芳草地国际学校教育发展史志（1956—2016）》，31页，北京，首都师范大学出版社，2017。

2. 芳草运动会

20世纪60年代，芳草地小学的运动会有以下特点：一是时间短，只有2小时；二是参加人数多，全体学生个个都是运动员；三是项目简单，总共只有3个项目，都是平时体育课上教授的内容。

3. 皮筋操亮相全国

在第一届全国运动会开幕式的团体操表演中，关槐秀老师创编的儿童操《新中国幸福儿童》成为开幕式的亮点。男生手持绿色小树苗扮作小树，女生在小树旁排列成不同队形，在欢快的音乐伴奏下，似小鹰展翅般跳皮筋。此后，在北京市一系列的重要外宾迎送仪式活动中，经常会看见芳草地小学的跳皮筋队伍。

(四)其他学科

其他学科也在各自领域进行了教学改革或探索。自然学科通过观察、实验、制作和科普知识启蒙教育，培养学生学科学、爱科学的精神；手工课通过手工制作开展智能学玩，培养思维能力、创造能力。

二、开放多元的第二课堂

20世纪八九十年代，随着素质教育的全面推进，如何在提高学生知识水平的基础上，让学生发挥个人潜能和长处，培养良好的思想品格，是现代教育广泛关注的问题。相对于学科教学的第一课堂，第二课堂被称为"课外活动"，它是指"学校在教学计划所规定的教学活动以外，围绕育人目标，引导和组织学生有计划、有目的地开展各种健康有益的活动，以全面提高学生综合素质为根本目的的教育活动"[1]。"在实施素质教育中，第一课堂是主阵地，但第二课堂更是培养小学生健康成长的

---

[1] 周钰、黄金珠：《"第二课堂"活动促进学生全面发展的实践探讨》，载《湖北成人教育学院学报》，2008(3)。

重要教育环节。"①它提供了一个特殊的育人平台，和第一课堂一起，在学生综合能力的提高、学生人格意志的塑造、创新能力的培养、学生潜能的激发，以及学校培养社会所需要的合格人才等方面起着极其重要的促进作用。

第二课堂的课程设置，需要有丰富多彩的活动选择，以满足不同学生多样化的需求；第二课堂的教学形式，由随意自由向规范化转变，在组织学生参加活动的基础上也注重通过讲授和讨论的方式传输理论知识，实现理论和实践的结合；第二课堂的活动方式，倡导尽量扩大活动范围，带领学生走出校门，走向自然和社会，通过参加社会实践活动，培养学生的动手能力和处理事件的能力。

芳草地国际学校的第二课堂建设要追溯到20世纪80年代初，学校在对学生进行高质量教学的同时，重视学生的全面发展，重在提高学生的整体素质。为此，学校还设立了各种兴趣小组，让学生的第二课堂活跃起来，坚持"一日生活十保证"。

(一)各种各样的兴趣小组

学生的兴趣和爱好是多种多样、丰富多彩的，他们当中有未来的各种人才。学校不仅要让他们学好语文、数学等主课，还要从实际出发，让第二课堂活跃起来。为此，学校成立了美术、手工制作(图1-3)、书法、合唱、器乐、田径、计算机应用、摄影、红十字会等兴趣小组，每周五和周六进行活动。

兴趣小组不仅对促进学生全面协调发展有很大帮助，还在培养学生兴趣与专长方面，发挥了独到的作用，为开发智力、培育人才创造了第二渠道。通过兴趣小组的实践和锻炼，芳草地小学的学生，多次在朝阳区、北京市乃至全国的特长比赛中取得好成绩，为学校赢得了荣誉。

---

① 侯淑珍：《浅析小学第二课堂面临的困境及解决路径》，载《读与写杂志》，2013(4)。

构建中西融合的芳草课程
北京市朝阳区芳草地国际学校遨游计划成果

图 1-3　全国特级教师荣景甡老师指导学生做手工

(二)大受欢迎的集体舞和轮滑

芳草地小学为了让学生的第二课堂活跃起来,从 1982 年开始,把每周六的课间操,改为跳集体舞。1984 年 12 月 12 日,《北京日报》(通讯员叶平)以《芳草地小学都会跳集体舞》为标题进行了报道。报道称:"现在该校一至六年级的学生,人人都会跳八九个集体舞。"这一活动的普及,促进了学生的身心健康发展,优美的舞蹈动作纠正了一些学生不正确的行走姿势,提高了学生的音乐节奏感,也增进了中外小朋友之间的友谊。

进入 20 世纪 80 年代,轮滑出现在公园及运动场所,引起了学生们的浓厚兴趣。1981 年,体育课程改革,芳草地小学的体育课开设了轮滑教学,将滑旱冰纳入每学期的体育课教学,这一广受学生欢迎的新兴体育项目,迅速在校园里得到开展和普及,丰富充实了校园生活。轮滑课程成为芳草地小学的传统教学内容,北京申奥宣传片中的轮滑场景,就取自芳草地小学的学生。

(三)丰富多彩的社团活动

社团文化可以陶冶人的情操,展现师生良好的精神面貌,不仅有利于学生增长见闻,而且促进学生身心健康。为了使学生得到全面发展,芳草地小学成立了几十个学生社团,有民乐团、管乐团、小记者团、网球队、棒球队、跆拳道队、篮球队、足球队、独轮车队、文学社、摄影组、天文组、测向组、生物组、双语电视台等。有中国学生参加的英语角、小剧团，也有外籍学生参加的茶艺组、空竹队、京剧社等。这些社团组织遍布学校各个角落，活跃在学生中间，丰富了学生的校园生活，使他们在愉悦的感受中获得了全面发展。电视台播放的是学生们自编、自导、自演的节目，专栏里有学生们自己编辑的学生报，课堂上有学生制作的课件，学校还经常为学生举办个人的美术展和摄影展。

三、具有全球视野的国际理解教育

芳草地小学一直在教育教学中渗透国际理解教育的理念和方法，2000年之后，学校开始有意识地进行国际理解教育的研究，提出了"小学开展国际理解教育实践的研究"这一重要课题，并于2006年独立立项为国家级重点课题。

(一)国际理解教育的核心理念

国际理解教育（education for international understanding）是联合国教科文组织提出来的，它的发展与整个社会的发展密切相关，逐步得到越来越多的关注，并随之被越来越多的国家和地区认同。

1996年，联合国教科文组织报告《教育——财富蕴藏其中》[*Learning: the treasure within*，又称"德洛尔报告"（Delors Report）]明确提出："国际理解是世界各国在国际社会组织的倡导下，以'国际理解'为理念而开展的教育活动。"目的是增进不同文化背景、不同种族、不同宗教信仰和不同国家、地区的人们之间相互了解和相互宽容；加强相互合作，以便共同处理全球社会存在的重大共同问题；促使每个人都能够通过对世界的进一步认识来了解自己和他人，将相互依赖变成有意识的团结互助。

2010年《国家中长期教育改革和发展规划纲要（2010—2020年）》提出要加强国际理解教育。2016年，国际理解进一步被界定为促进我国

构建中西融合的芳草课程
北京市朝阳区芳草地国际学校遨游计划成果

学生发展的核心素养之一。[①]

由此，不难看出国际理解教育已经成为世界逐步认同的教育理念，开展国际理解教育实践也成为新的重要课题。小学开展国际理解教育要让学生了解和掌握国外的差异文化，培养学生进行国际理解的技能，更重要的是让学生形成从全人类利益和全球观点出发考虑问题、理解国际社会、关心异国文化的国际精神，培养学生进行国际理解的态度。

(二)国际理解教育的发展

1. 自主萌芽期

芳草地国际学校作为北京市朝阳区办学较早、规模最大的公立涉外学校，自始就承担着为多国小学生服务的任务，自第一个外籍学生进入学校伊始，尊重、理解、共同发展的教育理念就深植于芳草园中。学校以培养具有"中国情怀、国际视野"的芳草学子为育人目标就是在践行国际理解教育。

从办学初期到 2000 年，虽然没有提出国际理解教育的概念，但就实际情况而言，学校不自觉地进行着国际理解教育，这个阶段我们称之为萌芽期。在萌芽期，学校依学生的实际需要和发展需求开展了丰富多彩的教育教学活动。彼时的芳草园，有不同国籍、不同肤色、不同语言、不同文化背景的学生，带着不同的价值观念汇聚在一起，带来的是中西文化观念在学校中的差异与冲突。如何找到中西教育的结合点，一方面让学校扎根于中华民族五千年文明的沃土中，成为弘扬民族优良传统，塑造凝聚民族精神的教育窗口，另一方面以海纳百川的博大胸怀，吸纳世界上一切优秀的文化遗产，是学校面临的挑战。

2. 持续发展期

自 2001 年起，北京市开启了新一轮的教育教学改革，学校根据实际情况，进行了总体规划，进行课程文化建设，开展国际理解教育，实

[①] 林崇德：《构建中国化的学生发展核心素养》，载《北京师范大学学报(社会科学版)》，2017(1)。

施国内部学生重文化传承，国际部学生重文化传播的教育教学实践。

2005年，学校提出了"小学开展国际理解教育实践的研究"这一重要课题，并于2006年独立立项为国家级重点课题，研究规格之高当时在全国是第一个。课题的立项开启了国际理解教育在学校的快速发展之门，我们因地制宜，因势利导，依据学生身心发展的客观规律，遵循主体性原则、科学性原则、差异性原则和可操作性原则实施研究。课题组查阅相关资料，了解国内外对于国际理解教育的研究状况，对已有研究成果和本校研究内容、预期效果、理论创新等内容做了详尽的分析，借鉴有价值的研究成果；聘请专家进行理论与实践的指导，教师通过"理论培训—现状分析—制定措施—开展实践—反思改进—经验交流—理论培训……"螺旋式研究方法，提高实施国际理解教育的实效；定期举办研讨会、汇报会，总结研究过程的得失，做到边实验、边研究、边总结、边提高。

学校的重视与投入、教师的热情与努力、专家的指导与引领，令理论与实践的研究不断推动，不断深入。在研究过程中，联合国教科文组织协会世界联合会副主席、中国教育学会原副会长陶西平和北京教育学院李晶教授、冯艺远博士等多位国际理解教育的专家走进校园，针对"国际理解教育的宗旨和目标""我国开展国际理解教育的背景"和"国际理解教育的课程目标"等问题为教师们做专题辅导。

（1）交流、研讨，不断提升对实施国际理解教育的认识

学校围绕"小学开展国际理解教育实践的研究"课题，利用每年召开教科研年会的契机召开多届国际理解教育研讨会，分别就"我对国际理解教育的认识""在学科教学中渗透国际理解教育""国际理解背景下的德育渗透"等问题展开深入的研究与探讨。在一次次的研讨中，提升教师对开展国际理解教育的认识。

召开"国际理解教育论坛"，推动国际理解教育的深入开展，进一步揭示国际理解教育的核心理念和本质内涵，就学校开展国际理解教育的方法、途径和效果进行研讨，借助论坛推进国际理解教育的深入开展。

（2）交流探索学校实施国际理解教育的途径

围绕课题的研究内容，探索把开展国际理解教育与营造开放的校园环境相结合、与学科教学相结合、与校本课程开发相结合、与主题实践活动相结合的方法，力求通过多角度、多渠道的实施途径，全方位开展国际理解教育。

在实践过程中，学校逐步形成清晰的操作思路：在文化理解中学会共存，在共存中享受成长快乐。围绕这一思路，学校探索出了"四结合"的有效途径。

一是国际理解教育与学科课堂学习有机结合：为深刻理解而教。

国际理解教育本质上是一种价值观教育，主要借助学科知识和技能学习得以落实。任何一种学科教育都是从学科视角对世界进行理解和把握，呈现出一幅独特的世界图景，个体通过学习不同学科逐渐形成具有个体认知特点的世界拼图。

方式一：以内容为切入点，尤其是历史、语文、英语、品德与社会等学科包含有丰富的价值观教育素材，将学科内容与国际理解教育的价值观内容相互勾连，有助于学生深刻理解价值观内涵。

方式二：以过程为切入点，通过课堂教与学的组织和活动过程，通过过程中所蕴含的教育契机以及过程中对个体差异的尊重、理解，帮助学生体验学习的快乐。

方式三：以方法为切入点，借助对话、合作、表演、辨析等教学方法的运用，让学生通过探究、交流、体验、感受逐步领会方法中所包含的对人性价值和学科认识价值的尊重与接纳。

方式四：以关系为切入点，通过对课堂中人际关系的处理，包括师生间教与学的关系、生生间合作的关系等，引导学生逐步体会和认识到共同生活的乐趣以及世界的多样性对适应环境、丰富个性的重要性。

二是国际理解教育与开发校本课程有机结合：为文化理解而学。

方法一：根据学科特点确定研究主题。

为了实现有效研究，学校把对国际理解教育的研究与对学科的研究有机地结合起来，不同的学科根据各自的学科特点确立不同的研究主题。

体育组结合教学内容，确立的研究主题是"中外民族传统体育项目的学习和交流"，安排在国内部、国际部进行抖空竹、跳房子、踢毽子、躲避球、足球的教学，目的是使不同国家的学生感受到中国传统体育文化的魅力，加深他们对中国传统体育文化的理解，促进各国民族传统体育文化的交流与发展。体育组教师借此项研究活动在学校第四届教科研年会暨国际理解教育研讨会上与参会领导和专家及全体教师进行了交流，获得了一致好评。

方法二：结合教学内容在课堂中适时渗透。

各学科教师结合本学科的研究主题和教学目标，寻求并补充与国际理解教育相关联的内容：通过语文、品德与社会、音乐、美术等学科让学生了解东西方文化的差异；通过数学、科学让学生了解国外科学家的思维模式与创新精神；通过国内体育大事和体育课加强奥林匹克精神的教育，培养学生的国际理解态度和能力。

三是国际理解教育与实践活动有机结合：学会共同生活。

学校充分利用学生和家长中存在的差异性文化资源，紧密结合时事，遵循"理解需要接触"的原则开展了时事教育、节日文化交流、饮食文化交流、体育文化交流、国粹交流等活动。几年来，一些活动不仅成为品牌，而且还进一步实现了品牌活动的常规化、系列化。此外，学校成立了几十个学生社团，包括管乐团、民乐团、棒球队、篮球队、独轮车队、测向组、文学社、京剧社等，为学生提供了深度文化交流的平台和发展创造个性的机会。通过学生间不同文化的交流、碰撞、融合，帮助学生形成世界公民的意识。

四是国际理解教育的实践探索与理论研究有机结合：在行动中研究。

2006年10月，学校承办了首届北京市国际理解教育论坛。鉴于学校在国际理解教育理论、实践领域所做的探索和贡献，2007年，北京教育学会国际理解教育研究分会在芳草地小学成立，将学校国际理解教育的实践和理性思考推向了更高的水平。国际理解教育的实施全面提高了学生国际理解的认知与交往能力，形成了教师学术研究团队，丰富了办学理念，推进了学校的国际化进程。

3. 拓展提升期

教育教学在课程中落地，学校以国际理解教育为主要特色，整体推进国家、地方、学校三级课程全面实施，初步建立起国际理解教育的核心理念"尊重、理解、交流、合作"，建立了学校的"国家、地方、校本三级课程"体系。

（1）国际理解教育课程为学生国际理解能力助力

作为一所国际学校，外籍学生约占学校学生总数的四分之一。为了让中外学生能够了解文化多样性，培养学生国际理解的基本能力，学校根据教育教学资源状况、教师特长和学生需要，开发了以"国际理解"价值观为核心的系列校本课程（表1-1、表1-2），有效地促进了学校育人目标的实现。

表 1-1 "国际理解"校本课程核心观念与能力发展要素

年级段	核心观念	次级观念	能力发展要素
一、二年级	世界文化是多元的	差异、包容	初步的表达、交流（倾听、理解、交往、关爱）
三、四年级	民族文化的自豪感	尊重与交往 民族性与世界性	表达、交流 比较、分类、初步的类比与概括

表 1-2 "国际理解"校本课程单元教学内容

年级	第一单元	第二单元	第三单元	第四单元
一年级	我们是一家人	世界的节日	特色节日	可爱的动物和绮丽的生肖
二年级	友好的交往	衣食住行文化	绮丽的世界	多彩的生活

第一章 历史曾经响彻的声音

(2)主题活动课程为国际理解创设平台

学校充分利用多元文化共生共存的实际优势,将主题活动逐步发展成课程,在课程里中外学生互为资源,学生在交流与分享的过程中提升国际理解意识与能力。

品牌活动课程一:小小奥运会。

每年4月份,学校都举办"小小奥运会"暨体育文化节,有来自50多个国家和地区的学生及其家长等近万人参与盛会。开幕式学生入场服装的设计、竞技项目和表演项目都仿照奥运会。不同种族和肤色的学生在这个体育盛会中传递友谊、传播文化,竞争意识、合作意识、健康意识得到进一步强化。

品牌活动课程二:多彩国家周。

在朝阳区教委奥运办、朝阳区少工委的大力支持下,学校与非洲国家开展了"同心结结童心"的活动,举办了"中非友谊小小论坛"(图1-4),邀请部分非洲国家首脑及其夫人参加。通过"走进神秘的非洲"、非洲小朋友学包饺子、共绘和平鸽等活动,让中非小朋友亲身体验到国际理解的意义和价值。

图1-4 中非友谊小小论坛

世界因不同而美丽,每个国家的文化都是宝贵的财富。学生通过多彩国家周课程,在一星期内全方位地了解一个国家的文化,衣食住行,无所不包。

品牌活动课程三：研学世界游。

芳草园里倡导无疆校园，让学生走出校门、走出国门接受国际理解教育。四年级贵阳之行，五年级西安之旅，赴新西兰、英国、美国短期研学。学生们广泛接触中西方社会，切身感受中西方文化，既学会了适应、接纳、沟通与包容，也向外国友人传播了中国的文化。

第二节　新时代课程发展的趋势与挑战

一、国际教育的呼唤

当今世界经济文化的发展日新月异，课程开发及改革也日益迫切，经济国际环境要求课程的决策、开发和实践者具备更多元的能力，从而对课程改革进行有效、可持续的管理。不论从哪个角度来说，政治经济变革、移民及由此而来的社会人口变化、科学和信息通信技术的发展或是受冲突影响地区的社会重建，保证学校课程以及学习的质量已成为一种永恒的挑战。因此，世界各国热切期望培养其现有的能力，以开发和实施合理、优质的课程。[①]

《教育——财富蕴藏其中》是国际21世纪教育委员会于1996年向联合国教科文组织提交的一份报告，报告提出了教育的四大支柱的概念。该报告是根据现代社会面对的矛盾和未来教育面临的挑战，经过15名来自各国的权威专家通过3年多的研究提出的。报告的内容涵盖了未来教育改革和发展的各个方面，从理论与实际的结合上提出了迎接挑战的对策，因其观点之新颖、深刻被专家们称为是"里程碑性的教育文献"。报告提出了教育的四大支柱的新构想，认为要适应未来社会的发展，教

[①] 袁潇、徐辉：《共享全球课程资源：国际课程开发实践社区的发展现状及展望》，载《电化教育研究》，2011(12)。

育必须围绕学会求知(learning to know)、学会做事(learning to do)、学会共存(learning to live together)、学会做人(learning to be)这四种基本学习能力来重新设计、重新组织。

1972年,联合国教科文组织出版了研究报告《学会生存:教育世界的今天和明天》[*Learning to be：the world of education today and tomorrow*,又称"富尔报告"(Faure Report)],充满了科学主义和经济主义的精神。该报告认为:20世纪科学技术的发展改变了世界,科学技术革命把人类带入了学习化社会。人们只有不断学习才能适应科学技术革命所带来的生产和社会的变革。而"教育是随着经济的进展而进展的,从而也是随着生产技术的演进而演进的",因而科学技术革命使得知识与训练,也就是教育有了全新的意义。报告提出了"终身教育"的概念,并特别强调"学习化社会"和"终身教育"两个基本观念。这两个观念影响了世界教育的发展。

20世纪后半期,最新一轮课程改革的浪潮在世界范围内掀起,课程资源的共享成为各国普遍关注的问题,利用信息资源与网络数据库共享丰富的学习与教学材料,正成为各个国家提升课程质量的关键,国际课程开发实践社区在这样的背景下应运而生。2005年7月,联合国教科文组织国际教育局的课程专家达成共识,创建了国际课程开发实践社区(Community of Practice for Curriculum Development,COP)。作为联合国教科文组织国际教育局课程开发能力重点建设项目,国际课程开发实践社区搭建了一个以实施全民教育为目标的全球共享课程资源的平台,使得各区域内部及不同区域之间的教育理念、经验、研究成果得以共享。课程开发实践社区的基本理念在于汇聚全球性的课程资源,促进课程领域的知识、政策和举措上的创新。[①]

除建立国际课程开发实践社区以外,国际教育也十分关注学生"核

---

① 袁潇、徐辉:《共享全球课程资源:国际课程开发实践社区的发展现状及展望》,载《电化教育研究》,2011(12)。

构建中西融合的芳草课程

北京市朝阳区芳草地国际学校遨游计划成果

心素养"的培养。作为课程改革的 DNA，"核心素养"概念的产生并非偶然，它根植于传统的"以能力为本"教育改革历史中。20 世纪 60 年代后期，美国、英国、澳大利亚等发达国家，先后掀起了"以能力为本"的教育改革，随着时代的变迁，基础的知识技能目标在各国的教育目标中逐渐发展为"掌握核心内容、培养态度倾向、运用整合推理"或"知识、能力、态度情感"三者的整合统一。"核心素养"的培养应运而生。学生核心素养指标体系本质上就是教育培养目标的具体化，也是指导课程改革的方针与根本导向。[①]

课程构建与实施是基础教育国际化的关键。芳草地国际学校是一所公办涉外学校。芳草课程构建始终关注国际教育前沿发展，借鉴国际课程建设的有益成果，如 PYP 课程（幼小项目课程），STEM 课程（科学、技术、工程和数学教育课程），美国、日本、新加坡等国家或国际组织的核心素养研究成果，形成"以育人目标为核心，以道德、语言、数学、科学、健康、艺术为基础学科领域，以我爱芳草地、可爱的故乡、美丽的中国、多彩的世界、我想去那里、唯一的地球为探索主题"的顶层设计。和构建比起来，实施更为重要。形式上国际化并不难做到，真正融合还要看实施。在坚持科学性的前提下，提高学校课程的包容性和选择性，将中国基础教育的优势和国际上公认的教育理念、原则、方法等结合起来，作用于课程实施，推进教师专业发展、学生全面而有个性发展，只有做到了这些，才能实现真正的国际化。

2015 年，联合国教科文组织出版了《反思教育：向"全球共同利益"的理念转变？》（*Rethinking Education：Towards a global：common good？*），联合国教科文组织总干事伊琳娜·博科娃（Irina Bokova）指出："世界在变化，教育也必须变化。社会无处不在经历着深刻变革，这种形势呼吁新的教育形式，培养当今及今后社会和经济所需要的能力。这

[①] 左璜：《基础教育课程改革的国际趋势：走向核心素养为本》，载《课程·教材·教法》，2016(2)。

意味着超越识字和算术,以学习环境和新的学习方法为重点,以促进正义、社会公平和全球团结。教育必须教导人们学会如何在承受压力的地球上生活;教育必须重视文化素养,立足于尊重和尊严平等,有助于将可持续发展的社会、经济和环境方面结为一体。""所以,我们必须高瞻远瞩,在不断变化的世界中重新审视教育。"重新审视的结果表明,21世纪的教育应该向"全球共同利益"的理念转变。报告强调了可持续发展(sustainable development)和可持续发展教育(sustainable development education,SDE)对人类共同利益的重要性,维护和增强个人在其他人和自然面前的尊严、能力和福祉,应该是21世纪教育的根本宗旨。

二、中国教育改革的声音

(一)国家深化教育改革的要求

全面推进素质教育是我国教育事业中的一场深刻变革,其中课程改革是落实素质教育发展的重要途径。进入21世纪以来,伴随着课程改革的全面推进和深化,我国的课程改革、教材改革、教学创新等都取得了重大进步和发展。

以2001年教育部印发《基础教育课程改革纲要(试行)》为标志,我国开始了新一轮基础教育课程改革,也即学界所普遍认同的新中国成立以来的第八轮基础教育课程改革,这也是21世纪第一个十年里中国基础教育领域备受关注的重大事件,即"十年课改"。课程改革是一个有目的、有计划地对落后的课程思想和课程实践施加影响,使其获得预期进步和发展的过程。"十年课改"引发了基础教育内部以及外部系统的广泛回应。张荣伟在《我国基础教育"十年课改"的反思》一文中分别以政府行为、专家行为、教师行为、学生发展、学校生活、高考改革、社会反响为视点,设定了七个阶段性、反思性问题,并在逐一解答、综合分析的基础上,对"十年课改"的时代背景、理论基础、实践路径、具体成效、

构建中西融合的芳草课程

北京市朝阳区芳草地国际学校邀游计划成果

文化建设、评价制度、舆论导向等问题进行了探讨。①

张荣伟认为,教育是一项改进人生、创造幸福生活的交往活动,其根本目的在于为社会培养自主的个人,为个人营造一个理想的社会。或者说,"一个人走进学校的根本目的就在于通过一系列特定性的课程接受特定性的指导,通过系统地学习科学知识、社会规范、道德准则和价值观念等,不断提升个体的实践与创新能力,进而获得一种幸福完满的人生"②。目前,历经"十年课改"的传播和实践后,开放学校、解放儿童、回归生活,以及打造学习共同体,将学校建成"学习型社区大家庭"等理念,已经上升为基础教育改革的重要理念。这对于重建基础教育课程观、教学观、儿童观,尤其对学校制度和文化创新具有重要的启示和引导作用。

2011年,为贯彻落实《国家中长期教育改革和发展规划纲要(2010—2020年)》,适应新时期全面实施素质教育的要求,深化基础教育课程改革,提高教育质量,教育部组织专家对义务教育各学科课程标准进行了修订和完善。根据教育部基础教育课程教材专家咨询委员会的咨询意见和教育部基础教育课程教材专家工作委员会的审议结果,正式印发义务教育语文等学科课程标准(2011年版),并于2012年秋季开始执行。新修订的课程标准涵盖小学一年级到初中三年级的所有学科,包括语文、数学、物理、外语等主科和品德与社会、音乐、美术、体育等副科。其中,外语科目的课程标准还细化到英语、日语和俄语三种。

2014年4月,教育部颁布《关于全面深化课程改革 落实立德树人根本任务的意见》,该文件深入回答了"培养什么样的人,如何培养人"的问题,并提出将"学生发展核心素养体系"的研制与构建作为着实推进课程改革深化发展的关键环节,以此来推动教育发展。同年,《国务院关

---

① 张荣伟:《我国基础教育"十年课改"的反思》,载《课程·教材·教法》,2010(12)。

② 张荣伟:《"新课程改革"究竟给我们带来了什么?》,183页,福州,福建教育出版社,2008。

于深化考试招生制度改革的实施意见》于9月发布，标志着新一轮考试招生制度改革全面启动。此次改革到2017年全面推进，到2020年基本建立了中国特色现代教育考试招生制度，形成了分类考试、综合评价、多元录取的考试招生模式，健全了促进公平、科学选才、监督有力的体制机制，构建起衔接沟通各级各类教育、认可多种学习成果的终身学习"立交桥"。

2016年，《中国学生发展核心素养》等文件均多次强调发展学生的核心素养。

2017年9月，中共中央办公厅、国务院办公厅印发《关于深化教育体制机制改革的意见》，并发出通知，要求各地区各部门结合实际认真贯彻落实。该意见特别强调了在培养学生基础知识和基本技能的过程中，强化学生四个关键能力的培养：培养认知能力，引导学生具备独立思考、逻辑推理、信息加工、学会学习、语言表达和文字写作的素养，养成终身学习的意识和能力；培养合作能力，引导学生学会自我管理，学会与他人合作，学会过集体生活，学会处理好个人与社会的关系，遵守、履行道德准则和行为规范；培养创新能力，激发学生好奇心、想象力和创新思维，养成创新人格，鼓励学生勇于探索、大胆尝试、创新创造；培养职业能力，引导学生适应社会需求，树立爱岗敬业、精益求精的职业精神，践行知行合一，积极动手实践和解决实际问题。

2018年9月10日，全国教育大会在北京召开，习近平总书记在全国教育大会上的重要讲话，围绕培养什么人、怎样培养人、为谁培养人的根本问题做出了战略部署，明确提出，办好教育事业，家庭、学校、政府、社会都有责任。这一重要论断，牢牢把握住了我国教育事业发展的阶段性特征，牢牢把握住了办人民满意的教育需要全社会合力的内在规律，为调动全社会的力量办好教育提供了强大支撑，指明了努力方向。

《国家中长期教育改革和发展规划纲要（2010—2020年）》中将"坚持以人为本、全面实施素质教育"作为教育改革发展的战略主题，重点是面向全体学生、促进学生全面发展，着力提高学生服务国家服务人民的社会责任感、用于探索的创新精神和善于解决问题的实践能力，同时要"坚持德育为先""坚持能力为重""坚持全面发展"。为了进一步提高综合素质，培养时代和社会所需的创新性人才，应充分地发挥课程在人才培养中的核心地位。

素质教育发展至今，已经硕果累累，得到教育界内外的普遍认可，但仍存在着诸多问题，如学生的总体发展水平不够高、可持续发展能力不够强，学生迫于升学压力身心发展受到一定损害，学习能力、创新能力、生存能力、心理素质等不能完全适应社会经济变革的要求，不能很好地满足国际竞争的需求等。因此，只有改变思路，才能突破教育改革的瓶颈，而发展学生的核心素养体系应以素质教育的成果为基础，通过丰富和完善素质教育命题，将教育改革推向一个高质量发展阶段。①

（二）北京市深化教育改革的推动

2001年，以教育部印发《基础教育课程改革纲要（试行）》为标志的基础教育课程改革发端，全国各地紧跟时代潮流，开始重新搭建教学管理结构，作为首都，北京市带头在教育改革方面进行了实践和探索。

2001年，北京市教学改革启动。在新课程改革的第二轮进入学校课程体系的构建阶段和学生核心素养的培养阶段，清华大学附属小学、北京市朝阳区实验小学、北京市十一学校、北京大学附属中学等学校课程体系建设先进单位脱颖而出，这些先进单位的成功经验对推动课程改革起到了积极作用。

为贯彻落实党的十八届三中全会精神，深化教育领域综合改革，解决基础教育学科教育教学中存在的深层次问题，2014年，北京市教育委员会发布《北京市中小学语文学科教学改进意见》《北京市中小学英语

---

① 常珊珊、李家清：《课程改革深化背景下的核心素养体系构建》，载《课程·教材·教法》，2015(9)。

学科教学改进意见》《北京市初中科学类学科教学改进意见》。各改进意见强调依据课程标准开展教学，课程标准是指导、规范教学行为的基本根据，是明确课程定位、确定教学目标、规范教学进度、开展教学评价的首要标准。要切实防止教学"抢跑"，不培养"超学儿童"。培育和践行社会主义核心价值观，在语文教学中增加优秀传统文化如古诗词、汉字书法、楹联等内容，引导学生广泛阅读古今文学名著，传承优秀传统文化。构建开放性的教与学模式，加强学科教学内容与社会、自然的联系，让学生学习鲜活的知识和技能。鼓励运用多样化的教学方式，丰富课堂教学的实现形式，倡导"玩中学""做中学"，为学生提供丰富的体验、合作、探究类的学习活动。关注教育教学评价改革。强调构建多元化、发展性的评价体系，要求基于课程标准进行学业评价，避免出现不正确的评价引导教学"抢跑"的现象。

2015年，北京市教育委员会发布《北京市实施教育部〈义务教育课程设置实验方案〉的课程计划（修订）》。该课程计划倡导课程创新实验，加强综合性实践活动课程建设。中小学各学科平均应有不低于10%的课时用于开展校内外综合实践活动课程。该类课程可以某一学科内容为主，也可综合相关学科开展。学科实践活动系列课程由市、区县、学校三级共同组织开发实施，鼓励广大社会资源单位参与课程建设。和原课程计划相比，此次修订的课程计划更加注重学生理想信念和核心素养的培养，更加关注学生学习体验、动手实践及创新意识的培养，突出实践育人的价值，也更加关注课程的综合化、主题化发展趋势，强调课程整体育人的功能和价值。

(三)芳草教育改革发展规划

2001年，北京市第一轮教学改革启动，芳草地小学紧跟时代背景，重新搭建教学管理结构，建章立制，清晰责权，2002年1月，制定出《芳草地小学(2002—2004年)改革发展规划》。该发展规划中明确提出："树立现代化办学思想，采取开放型策略，走集团化办学道路，努力实现学生、教师、学校的三个发展，把芳草地小学办成一所名副其实的国际学校。"2006年1月，学校制定出《芳草地小学（2006—2008年）改革与发展三年规划》，第二轮发展规划中提出了新的观点，把原有的"学生、教师、学校的三个发展"提升为"关注人的发展，关注教育的发展，关注社会的发展"，体现了对教育认识的提升，同时确立了新的办学目标——创办国际一流学校。

2008年7月16日，北京市朝阳区教育委员会下发《关于芳草地小学实施集团化办学模式的通知》。通知指出："根据学校办学实际，结合芳草地小学国际化学校特色，为了发挥学校品牌优势，提高管理效益，促进学校持续发展，确保学生安全健康成长，经教委研究决定，芳草地小学拟更名为'芳草地国际学校'，实施集团化办学模式。"

为了更好地服务于北京世界城市建设和朝阳区"新四区"发展战略，实现朝阳区教委提出的"三化四区一体系"教育改革和发展的总目标，刘飞校长组织力量依据《国家中长期教育改革和发展规划纲要（2010—2020年）》《北京市中长期教育改革和发展规划纲要（2010—2020年）》和《北京市"十二五"时期教育改革和发展规划》，于2013年12月制定出《北京市朝阳区芳草地国际学校（2013—2015年）教育改革与发展行动计划》，于2016年9月又制定出《北京市朝阳区芳草地国际学校（2016—2020年）发展规划》。

三、芳草课程的挑战

课程的实施最终指向学生的全面发展。为了更加准确地了解学生的现状，学校通过调查问卷的方式，对学生的学习状况进行了调研。

（一）学生现状

1. 学生学习的自主性、合作性和探究性有待提高

调查显示，大部分学生可以做到课前自主预习、课后主动复习、课上和同学合作解决问题，但仍有一定比例的学生在合作中表现不积极，应进一步探究造成这一现象的原因。另外，调查显示，仅有略多于一半的学生能够"经常运用学习过的知识揭示生活中遇到的问题"，说明进行

探究性学习是很多学生的薄弱环节，主动思考、提出有效问题、找到解决方式、进行合作共享是学生亟待提高的学习能力。

2. 学生学习方式的差异性明显

学生学习方式存在一些差异，主要表现为女生的自主性与合作性显著高于男生的，独生子女的合作性与探究性显著高于非独生子女的，四年级和五年级学生学习的探究性与合作性显著高于三年级学生的。基于以上差异，在以后的学习中，应当关注学生在性别、年龄、家庭等方面的差异性，分析产生差异的潜在原因，有针对性地进行教学，进而减小差异，促进低自主性、低合作性和低探究性的学生向高自主性、高合作性和高探究性发展。

3. 影响学习方式的因素具有多样性和多变性

影响学习方式的因素，主要取决于学生自身以及学习环境两个方面，学生自身因素包括学习动机、学习态度、学习习惯、学习计划性以及学习方式的偏好等。调查表明，不同学生的学习动机、学习态度、学习习惯、学习计划性和学习方式偏好不同。大部分学生的学习动机属于内驱型，但还有一部分学生的学习动机是满足父母愿望和得到教师的奖励，属于外部因素驱动。启动学生的内驱力，促进兴趣驱动，应成为学校教育教学遵循和实践的重要原则。另外，大部分学生对学习的态度并不消极，但有一小部分学生认为学习是自己不喜欢但又不得不做的痛苦的事情，学习态度有待转变。在学习习惯方面，大部分学生更习惯于紧跟教师，学习主动性和选择性有待提高。同时，还有部分学生学习欠缺计划性，或者有计划但执行力较低。尽管大部分学生认同完全听教师讲解和完全自学两种学习方式的效果不是很好，但仍有部分学生采取这两种学习方式，学习效率有待提高。

外部环境影响主要通过教学方式和学习环境作用于学生。教师布置作业的形式比较多样，预习复习、做练习题和查阅资料是教师使用最多的作业形式，而需要学生动手操作、做专题研究和社会调查的作业形式则比较少。课堂学习环境方面是大部分时间由教师讲解，小部分时间由

构建中西融合的芳草课程
北京市朝阳区芳草地国际学校遨游计划成果

学生自学、讨论、练习，这对于提高学生的自主性、合作性以及探究性可能会产生一些不利影响，在教学过程以及学习环境营造方面应当进一步加以改进。

（二）芳草课程面临的挑战

基于学生的现状，芳草课程的构建与实施必须具备如下特点。

1. 鼓励学生自主探索，培养良好的学习习惯

实践证明，课程计划在实施过程中存在着很多随机性和不确定性，这就需要根据学生的需求和教育情境的变化灵活地调整课程计划。具体到教学层面上，教师要创造性地使用课程文本，而不是"复制"课程文本。教师课程研发的创造性在一定程度上也会影响学生学习方式的创造性。调查显示，学生过度依赖教师，有部分学生上课喜欢完全听教师讲解，因此教师应该鼓励学生转变学习习惯，培养学生更多地形成带着疑难问题听讲的态度。同时，教师在课程实施中要注重培养学生以解决问题的方式进行学习，鼓励学生自主探索，帮助学生自主认知、自主学习新知识，引导学生恰当地运用学习策略复习旧知识。

2. 激发学生学习兴趣，促进学生积极主动学习

首先，课程设计应当关注如何强化大部分学生的内在动机，引导学生转变只为满足父母愿望和得到教师奖励的学习动机，培养学生满足自己学习兴趣的学习动机。其次，在课程实施过程中，教师要注重利用将学习内容与学生的生活背景、知识背景相联系等方法，结合学生的好奇心，巧妙创设问题情境，激发学生兴趣。鼓励学生针对同一个问题提出不同的解决方法，促进学生积极主动学习，使学生在扎实掌握基础知识和基本技能的同时，学会学习、学会思考，提升思维品质。

3. 坚持公平公正原则，运用多元方式评价学生

课程实施是否有效？是否达到了预期效果？这都需要评价和管理来判定。评价制度，学校对课堂教学的评价、对学生学业成就的评价都会直接影响到学生的学习方式。我们应坚持采取发展性评价的原则，并结合学校的实际情况来制定学生评价标准。

4. 保持课堂学习环境的多样和平衡

好的课程设计一定是综合多种学习方式的，能够充分发挥学生学习的独立性和合作性，因此，在课程的设计上，要给学生足够的学习空间，保持学习方式的多样和平衡，提高各种课堂学习环境对于学习的效果贡献率。

如上所述，世界各国普遍关注学生核心素养的培养，关注全球共同利益及人类共同命运，中国围绕培养什么人、怎样培养人、为谁培养人的问题，全面推进素质教育，培养学生的核心素养。在这种形势下，芳草地国际学校的课程建设也面临着巨大的挑战，只有准确把握时代的脉搏，并结合学校的实际情况，才能开发出符合国情、校情的芳草课程，才能实现芳草的内涵式发展。

第二章

打造当代先进儿童文化

第二章 打造当代先进儿童文化

文化是一个从"人化"到"化人"的过程。具体到教育,具体到儿童,"人化"指按照儿童的方式发展教育,"化人"是指用教育改革的最新成果发展儿童。200年前,卢梭提出"发现儿童";五四运动时期,鲁迅提出"救救孩子";当下,"以学生为中心"已成为共识……凡此,都在从不同的侧面提示我们,儿童文化是客观存在的,是原发的、有根的、本真的,是永远充满美好憧憬的,我们的教育必须基于儿童。打造先进儿童文化,则要求我们通过教育,激发、唤醒、固化学生与生俱来的真、善、美,并不断丰富与发展;通过教育,传承人类优秀文化,推进文明进步,为儿童文化提供最终的着陆点。这一切,集中体现在芳草地国际学校的育人目标上。芳草教育要培养具有"中国情怀、国际视野"的芳草学子,这样的学生应该是热爱中国、关爱世界的,应该是自信乐群(图2-1)、充满活力的,应该是会学善用、充满好奇的。"儿童表现其天性的兴趣、需要、话语、活动、价值观念,以及儿童群体共有的精神生活、物质生活"应该化在这样的目标中。

图2-1 自信乐群的芳草学子

构建中西融合的芳草课程

北京市朝阳区芳草地国际学校遨游计划成果

第一节 从儿童的立场出发

教育应是有立场的。立场，是认识和处理问题时所抱的态度和所处的地位，即你是为谁的。不同的立场，表明了不同的态度，影响着甚至决定着处理事物的方式和结局。教育的立场应有三条基准线：教育是为了谁的，是依靠谁来展开和进行的，又是从哪里出发的。毋庸置疑，教育是为了儿童的。教育是依靠儿童来展开和进行的，教育应从儿童出发。这就是教育的立场。因此，教育的立场应是儿童立场。儿童立场鲜明地揭示了教育的根本命题，直抵教育的主旨。[①]

芳草先进儿童文化紧紧围绕着"以儿童为中心"这一立场出发，逐步形成了自己的儿童文化教育观：①为了儿童，即为了促进儿童真实地发展，促进儿童全面而有个性地发展，突出必备品格、关键能力，为儿童成人、成才奠基；②基于儿童，即从儿童的实际出发，遵循儿童身心发展规律，遵循教育发展规律，尊重个体差异，尊重自我需要和价值，顺应天性，因材施教；③在儿童发展中，即儿童发展一定要突出自我教育，要在活动与交流中进行，要突出知行合一，同时要认识到儿童发展具有长期性与反复性，要静候花开。

第二节 以儿童全面而有个性发展为指向

促进儿童全面而有个性发展是教育的先在责任，任何时代都不可逃避。课程要促进儿童全面发展，课程设计要强调人性完善，关注共同基础，指向综合发展，培育健全人格；课程要促进儿童有个性发展，课程设计要充分考虑补足基于共同基础的差异，把握儿童学习风格差异，使

---

① 成尚荣：《儿童立场：教育从这儿出发》，载《人民教育》，2007(23)。

用多元的教与学手段，开发个性化的评价工具。[①] 芳草以儿童全面且有个性发展为指向，具体体现在以下几个方面。

一、顺应天性

依据人发展的自然进程，卢梭主张教育要根据受教育者年龄特征而进行：在幼儿阶段要注重保护幼儿的善良天性，使幼儿的天性发展能够顺应自然发展的进程；对儿童时期则要求重视感官教育，使事物教育和自然教育相结合，最终达到自然教育的目标。

儿童天生心地善良、敏于发现、乐于表达、惯于动手、亲近自然、充满好奇，我们要顺应儿童的天性，呵护儿童的天性。本着"教育原本很自然（大自然是最好的课堂、最好的教师，依据自然发展规律，让儿童自然成长；教育以儿童为中心，依据其身心发展规律，让天性得以发展，习性得以养成）"的智慧，芳草地国际学校用最质朴的方式培育儿童，把儿童塑造成儿童。

假如儿童是一棵树，树根就是儿童的心灵之根，即人格，树干是身体和智力。如果儿童在成长过程中，心灵、身体和智力三部分不同步发展，不同时培养，就没有让儿童自然成长。芳草如何让儿童自然成长？芳草要培养怎样的儿童？

芳草在培养儿童时呵护儿童的天性，让儿童"心地善良、敏于发现、乐于表达、惯于动手、亲近自然、充满好奇"的天性得到呵护与持续发展。

传统的教育思维，是用优秀成人的标准塑造儿童，使儿童不像儿童。这样的教育，不成，则儿童变四不像；成，则儿童变小大人。儿童不是尚未长成的大人，童年不可重复，我们不能用成人眼中的明天设计儿童的今天。好奇是儿童的天性，儿童永远充满好奇，这是一种自然，是智慧富有活力的最持久、最可靠的特征之一。科学家阿尔伯特·爱因

[①] 朱传世：《课程如何促进学生全面而有个性地发展》，载《北京教育（普教版）》，2016(11)。

斯坦（Albert Einstein）认为，他之所以取得成功，原因在于他具有狂热的好奇心。芳草在教育教学过程中始终把每一个儿童当作独特的个体看待，不用成绩的标尺衡量儿童，不用成人的今天塑造儿童的明天，尊重儿童"犯错误"的权利，呵护儿童的天性，培养儿童对各科知识的兴趣，保留儿童的童趣童真。

二、培养习性

理论和实践证明，小学阶段是良好行为习惯养成的关键期，良好的习惯会让学生终身受益，养成教育关系到学生的未来发展。儿童的年龄越小，其可塑性就越大，形成各种好习惯也就越容易。现代教育家陶行知提倡的"生活教育"，把幼儿、儿童期的培养任务定格在养成良好的习惯上。著名文学家巴金在论及儿童的教育时曾一针见血地提出："孩子成功教育从好习惯培养开始。"由此可见，好习惯对人的成长是多么重要，好习惯的早期培养对一个孩子未来的成功又是多么重要。

芳草注重对儿童习性的培养，努力培养儿童遵守规则、读书行路、健康身心、热爱艺术、参与家务的生活习惯和看、听、思、说、做的学习习惯。在遵守规则方面，教育儿童既要遵守学校的规则，也要遵守社会的、国内外的规则，在遵守规则前做到了解并熟悉规则；在读书行路方面，教育儿童养成良好的阅读习惯，做到心灵和身体要时常在路上；在健康身心方面，教育儿童加强体育锻炼，学会一至两项体育技能，积极享受学习和生活，每天给自己一个会心的微笑；在热爱艺术方面，教育儿童要了解艺术、喜爱艺术、享受艺术，并拥有一项艺术爱好；在参与家务方面，教育儿童要主动参与家务劳动，热爱劳动，热爱生活。在学习习惯方面，主要培养儿童看老师、看板书、看课本等"看"的习惯，听问题、听发言、听总结等"听"的习惯，集中精力地"思"的习惯，积极举手、声音洪亮地"说"的习惯，会做笔记等"做"的习惯。

三、做到四个学会

国际 21 世纪教育委员会于 1996 年向联合国教科文组织提交的一份

报告，提出了教育的四大支柱概念。四大支柱所说的问题是，能力比知识重要，过程比结果重要，但很多重要的东西却被人们忽略了，目的性强、功利性强的后果会很严重。学会求知即学会学习，学会掌握认识（即"知"）的工具，掌握终身不断学习的工具，学会收集信息、处理信息、选择信息、管理信息，同时学会运用知识解决实际问题。学会做事，是用一种善始善终的态度认真地对待和处理各种事务，坚持不懈并力求完善。学会共存，是学会共同生活，学会与他人共同工作，即学会对话、学会交流、学会关心、学会分享、学会合作，学会用和平的、对话的、协商的方法处理矛盾，解决问题。学会做人，建立在前三种学习基础之上，是教育和学习的根本目标。发展的目标是人的完整实现，即适合个人和社会需要的情感、精神、交际、亲和、合作、审美、体能、想象、创造、独立判断、批评精神等方面相对全面而充分的发展。

以此为参照，结合自身特色，芳草地国际学校对四个学会进行了自己的解读。学会求知要做到乐学、学会、会学：其中，乐学是学会求知的动力，它通过习惯和兴趣的培养、毅力的磨炼而逐渐形成；学会是学会求知的基础，它体现在知识的积累、能力的培养与方法的选择方面；会学是学会求知的目标，它指向学习的路径选择、质量的优劣与时间的长短和分配。学会做事要做到学会计划、计划执行、团队协作：其中，学会计划体现在在哪儿、去哪儿、怎么去、如何评价方面；计划执行体现在信息反馈、调节控制、持续学习方面；团队协作则体现在有共同的协作愿景，在协作中尊重规则并有大局意识。学会共存要做到人与人、人与社会、人与自然的共存：人与人的共存要做到懂得感恩、乐于助人、诚实守诺；人与社会的共存要做到在社会中慎重选择，全心融入社会并在社会中发挥作用；人与自然的共存要做到节约优先、保护为主、和谐共生。学会做人就是要有自主性、责任心、判断力：其中，自主性表现为自立、自知、自持；责任心则是对自己负责，对班级负责，对家庭负责；而判断力则体现在自信专注、丰富见识、系统分析的能力上。

第三节　为儿童构建适合的课程

之前我们已经明确，构建先进儿童文化一定要以儿童全面而有个性发展为指向，要实现这一目的，课程无疑是重要途径。

课程是指学校学生所应学习的学科总和及其进程与安排。广义的课程是指学校为实现培养目标而选择的教育内容及其进程的总和，它包括学校教师所教授的各门学科和有目的、有计划的教育活动。狭义的课程指某一门学科。

"curriculum"（课程）一词最早见于英国教育家赫伯特·斯宾塞（Herbert Spencer）《什么知识最有价值？》（1859）一文。它是从拉丁语"currere"一词派生出来的，名词意为"跑道"。由此，课程就是为不同学生设计的不同轨道，从而引出了一种传统的课程体系。而"currere"的动词形式是指"奔跑"，这样理解，课程的着眼点就会被放在个体认识的独特性和经验的自我构建上，就会得出一种完全不同的课程理论和实践。

一、课程是跑道

芳草地国际学校以育人目标为导向，整体构建课程，首先梳理自身办学历史、优势与劣势、办学特点等，明确办学目标、育人目标、发展方向等，制定课程方案。这个方案要以"国家课程校本化实施"为基本思路，借鉴国际公认的先进课程经验，再整体构建中西融合、科学与人文结合、全面发展与个性培养结合的国际化背景下的课程体系。

（一）国家课程校本化实施

2001年，在党中央、国务院的领导下，教育部正式启动了新一轮基础教育课程改革，印发了《基础教育课程改革纲要（试行）》等一系列政策文件，初步构建了符合时代要求、具有中国特色的基础教育课程体系。新一轮课程教学改革的一大特点就是国家课程校本化实施，实行国家、地方、学校三级课程管理。国家制定中小学课程发展总体规划，确定国家课程门类和课时，制定国家课程标准，宏观指导中小学课程实施。在保证实施国家课程的基础上，鼓励地方开发适应本地区的地方课程，学校可开发或选用适合该校特点的课程。

构建具有自身特色的课程体系，要找准路径。自2001年来，国家一直在大力推进三级课程改革。立足学校，我们也在思考，推进三级课程的目的是什么？学校层面需要如此划清国家、地方、校本课程的界限吗？这样做对学生有什么帮助？在芳草课程构建的过程中，我们始终认为在学校层面，没有必要这样泾渭分明，我们现在必须由散在的校本课程开发走向学校课程整体构建，应该为学生提供适合学习的本校课程，而不是校本课程。在构建芳草课程的过程中，学校以"国家课程校本化实施"为主要思路，分校区、分学科、分年级实施芳草课程，坚持稳妥推进，试点先行，典型引路，逐步推广，建设适合学生发展的课堂。

(二)PYP课程本土化实践

创立于1968年的国际文凭组织(the International Baccalaureate Organization，IBO)是世界公认的国际教育领跑者。IBO主持开发的IB课程是针对3～19岁学生设计的连贯性教育体系。IBO先后创立了大学预科项目(DP)、中学项目(MYP)、幼小项目(PYP)、职业教育项目(CP)。这四大项目既相互独立，又互为一体，它们的使命和宗旨是培养积极探究、知识渊博、勤于思考、善于交流、坚持原则、胸襟开阔、懂得关爱、勇于尝试、全面发展和及时反思的终身学习者。

PYP(Primary Years Program)课程始于1997年，是IBO为3～12岁学生设计的教育课程。这个阶段的学生的培养目标是"活跃的、有爱心的、长久的学习者"。在这个阶段，IBO关注的是学生的全面发展，强调以人为中心，以确保学生形成理解为目的，在基于发展学生概念、技能、态度及行动的基础上，围绕知识、概念、技巧、态度、行动5个关键词展开，提供六大学科六大主题的跨学科主题教育，形成独具特色的课程结构模型(图 2-2)。这六大超学科主题包括"我们是谁""我们身处什么时空""我们如何表达自己""世界如何运作""我们如何组织自己""共享地球",分为 74 个探究单元。每个主题下的探究单元都从形式、功能、原因、变化、联系、观点、责任和反思 8 个维度提出跨学科教育的"概念模型",从而使学生跨越和超越所有学科领域界限的概念,最大限度地获得系统而完整的知识体系。①

图 2-2 国际文凭组织 PYP 课程结构模式图

课程在芳草地国际学校教育中处于核心地位,教育的目标、价值主要通过课程来体现和实施。面对多元文化并存的现实,芳草地国际学校坚持开放的眼光,拥抱全球最先进的教育思想与理念,整体构建课程体

---

① 孙广杰、张春玲:《基于 IB 理念的跨学科统整:助学生开启创新之门》,载《中小学管理》,2016(10)。

系。学校进一步巩固、深化和扩大学校课程改革实验成果，梳理几十年课程建设经验，进一步明确育人目标：培养具有"中国情怀、国际视野"的芳草学子。这样的孩子一定要热爱中国、关爱世界，要自信乐群、充满活力，要会学善用、充满好奇。学校对照PYP课程核心价值取向，从中汲取营养，丰富课程内涵，以国家课程校本化实施、国际理解课程校本化实践为主要思路，借鉴PYP课程体系，用"整合"和"拓展"的思想，构建体现文化融合且充满活力的课程体系，使课程建设焕发勃勃生机。在与PYP课程结构模式图对比的过程中，就可以看出二者的关系，在第三章"课程建设的结构"一节中会详细说明。

二、课程是奔跑

在课程的实施与使用过程中，要特别关注善解学情、善施教化、善为课业这三个方面。

(一)善解学情

1. 关于学生

如何看待学生？我们要关注学生的"天性"和"习性"。关于天性，周国平讲"保护孩子的天性比起上名校重要得多"。学生天生善良、敏于发现、惯于动手、乐于表达、向往自然、充满好奇……每个孩子都是独特的，我们要真正静下心来了解孩子，知道他们的性格特点、认知方式，知道他们的想法与需求，顺势而为。我们要认识到，学生对教师的了解远比教师对学生的了解多且深，如果不能真正走进学生的内心，因材施教只能是一句口号。如何激发学生这些天性需要教师思考与努力。习性培养同样重要：孔子说"少成若天性，习惯如自然"，即小时候形成的良好行为习惯和天性的一样牢固；培根讲"由智慧养成的习惯，能成为第二天性"。习惯培养不能多多益善，"18个好习惯、35个好习惯，乃至108个好习惯"，这是研究者的观点，其给我们、给学生提供的是自助餐，需要什么取什么，不能照单全收。惯，从心、从贯，心和贯合在一起的意思是，在内心里相同的要求多的可以穿成一串。要形成健康身心、友好交往、自主学习三个方面的好习惯，真做到位，孩子一辈子的发展不会有大的问题。

2. 关于学习

联合国教科文组织2015年发布《反思教育：向"全球共同利益"的理念转变?》报告，其中提到这样一个观点，"学会如何学习从来没有像今天这么重要"。要想解决"如何学习"这个问题，明确学习的基本要素非常重要。①知识——这是核心与基础；②好奇心——好奇心要伴随孩子一生，这是内驱力；③学习环境和新的学习方法——这是最重要的支持条件；④合作——"独学而无友，则孤陋而寡闻"，可见学习既是个人行为，也是集体努力，这是保障；⑤思维、表达和实践——强调知与行的统一，这是学会学习的重要标志；⑥成绩——这是结果，学习一定要有一个结果，当然这个结果不仅仅指分数。

3. 关于学科

在"跨学科""超学科"进入我们视野并广受称道的情况下，我们一定不要忽视我们学科课程的研究，否则会东施效颦。董奇教授在谈到中国基础教育的特色和优势时讲：中国学科课程内容结构严谨，课程内容选择的科学性较强，课程内容的呈现和排列具有很强的系统性和逻辑性……当下以及今后可预见的时间内，学生的学习水平仍然在很大程度上取决于各学科学习。教师要通过教学，培养学生学科感觉，把握学科特点，并运用学科所学解决实际问题。鉴于此，教师要引导学生在学科知识体系构建、学科素养提升、学科与生活等方面着力，努力给学生一个完整的学科学习生活。

（二）善施教化

1. 关于教育

如何理解教育，斯宾塞指出"教育为未来完美生活做准备"。约翰·杜威(John Dewey)指出"教育即生活"，陶行知指出"生活即教育"……在有关教育的任何讨论中，生活都是核心话题。遗憾的是，教育与生活之间一直好像有一堵高墙。杜威说过："从学习者的观点出发，学校里最大的浪费是他不能够运用他在校外所学的东西……可是，另一方面，他也不能把学校所学的东西运用到实际的生活中。这就是学校的孤立，孤立于生活之外……"这种现象并没有得到根本好转。教育要源于生活、表达生活，且要回归生活。这应成为我们对教育的基本认识，并实实在在用于实践。《反思教育：向"全球共同利益"的理念转变?》提出"重新解读和保护教育的四大支柱"，即学会求知、学会做事、学会共存、学会做人，这应是学生真实的生活，不应把教育窄化。

2. 关于教学

讲授法、问答法是最基本、最经常、最重要的方法，实实在在，合理合法，可行有效。不要因为其缺点显而易见就简单予以否定，事实上，任何一个教师、学校也没有能力否定它。《礼记·学记》中讲"约而达，微而臧，罕譬而喻"，这不就是讲授法的最高境界吗？"先其易者，后其节目""叩之以小者则小鸣，叩之以大者则大鸣"，问答法本应如此。当然，我们更要重视国际化、信息化背景下，学习环境和新的学习方法的实践，主题教学、STEM教育等先进理念的研究。传统与现代并重，中与西兼容，应该成为我们秉持的观点。

3. 关于教师

没有高水平的教师，就没有高质量的教育。针对这一点，芬兰的教师政策值得我们借鉴。芬兰的教师选拔制度非常严格，职业尊严、教育热诚和创新思维是基本要求；芬兰的在职教师培训务实高效，问题解决小组是学校的一个常见组织，学习如何诊断学生的学习困难是一项常规工作，根据学生需求和学习风格进行差异化教学是教师的基本功……临渊羡鱼不如退而结网。教师选拔责在政府，在职培训，学校要有担当。教师工作本身很累，学校要努力让教师累得有价值：少一些形式主义，多一些实实在在，研究真问题，不要无病呻吟。"重复啊重复，不在重复中升华，就在重复中消亡"，从某种意义上讲，这是教师工作的写照，芳草地国际学校要让教师在重复中升华。

(三)善为课业

1. 关于课程

2000年以来的课程改革，从某种意义上讲，其成也校本课程，失也校本课程。因为三级课程推进政策，我们知道了校本的意义，意识到自身的价值；同样因为校本课程，及至当下跨学科、主题教学、STEM热度高，广受关注，我们投入了超出常规的精力，间接造成国家课程研究被忽视，这不正常。我们要以国家课程校本化实施为基本路径，要实现由校本课程向本校课程的转变。同时我们要特别关注教师对课程的研究，要引导教师认真学习、研究、实践课程标准，促使教师成为课程的领导者，让教师主动参与进来，而不是"拉郎配"。

2. 关于课堂

改革最终要发生在课堂上，这是共识。好的课堂要突出以下四个特点。①每一节课都是带班育人课——培养学生良好的学习习惯，构建和谐的课堂人际关系，创设良好的学习环境，形成互相支持的良好氛围。②每一节课都是思维发展课——要引导学生善于发现、提出、分析、解决问题，观点有理有据；重视形象思维、逻辑思维的训练与应用，提升学生的创新能力。③每一节课都是语言表达课——要重视学科表达，能用规范准确的学科语言表述学科内容；要重视学科阅读，并获得有效信息；要做到语言清楚、简练，语速、音量适中，适当运用体态语。④每一节课都是综合实践课——重视学科知识、技能的运用，重视实验、操作等环节；重视跨学科主题综合实践活动设计，做到突出学科本质，软化学科边界；要重视学科与生活的关系，丰富学生常识，增长学生见识。

3. 关于课余

《礼记·学记》中讲"大学之教也，时教必有正业，退息必有居学。不学操缦，不能安弦；不学博依，不能安诗；不学杂服，不能安礼；不兴其艺，不能乐学。故君子之于学也，藏焉修焉，息焉游焉……"强调课外实际训练的重要性。善于学习的人，务使学习正业时专心修习，按照时序进行，必须有正式的课业，课后休息时也得有课外练习。课内外要相互结合。这对当下教育有颇多启示。于学生学习而言，课余很重要的一项内容是完成作业，我们要正视问题，目前，教师布置的作业更强调知识的学习与巩固，以练习型作业与准备型作业为主，而综合运用、迁移拓展型的作业较少，表现在作业数量繁多、作业形式单一、作业规格统一、作业主体一元、作业学科本位、作业资源单调上。基于此，我们提出"基础性作业少而精、拓展性作业巧而活"。少而精是结果特征，"少"要求控制时间、数量，"精"要求学习目标精当选择、作业语言精练、评价要点精确、展现精彩。巧而活是过程特征，做到：主题巧、运用巧、结合巧，主体活、形式活、评价活。在基础与拓展两方面，找到一个适度点，在适度点上着力。课余生活丰富与否，对正规学习影响很大，除作业外，丰富的游戏、适当的休息等同样重要，我们要给予充分的重视。

三、用考试撬动课程改革

《基础教育课程改革纲要（试行）》中提道"改变课程评价过分强调甄别与选拔的功能"，这非常重要。但是在改革中，我们更关注诊断性评价、形成性评价、终结性评价，对于考试少有触及。纸笔考试如果不变，课程改革难以实施推进。所以说，这十几年课程改革取得了很大的成绩，但其中也存在一些问题，新高考改革聚焦考试评价，意义非常重大。

考试永远不会过时，关键是考什么、怎么考。所以，推动课程改革，用好考试这根指挥棒将十分关键。对于北京考试进行的改革，现在说非常成功、领先可能为时尚早，但是作为一线校长、教师，我们感到它对北京的教育方式的转变起到了很大的导向作用。

高考方案发布之后，很多人都说这是高中和大学的事儿，实际上，高考和小学的关系也很密切。每年9月份开学第一周，芳草地国际学校都会试着让小学生做一做当年的中考、高考试题。例如，"我们教室的

构建中西融合的芳草课程
北京市朝阳区芳草地国际学校邀游计划成果

灯管有多长?""唱一遍国歌大概需要用多长时间?""天安门广场国旗有多宽?"……在做这些题的过程中,教师和学生都会获得有意思的发现。有一次,六年级的学生做了这样一道化学试题:根据一段科普短文,回答问题。刚拿到题时,学生们都快哭了,因为那是一段很长的短文,需要仔细阅读。但他们静下心来仔细阅读后恍然大悟:这不就是提取信息,形成解释吗?现在的试题越来越灵活,考查学生阅读理解能力和提取信息的能力,面对这么一堆信息,六年级的学生如果静下心来,其实就能做出来,但是真正到了中考、高考的考场上,能静下心来并不是一件容易的事。

每次做完这些试卷后,我们都会组织学生展开研讨,说一说做这些试题的感受,学生们的体会也让教师们惊讶:有的学生说,这种试题模式很好,考试科目综合化;有的学生说,这种试题考查的知识面广泛,接近生活,让我们对知识活学活用,考宽了,考活了……在这些基础上,学生还给教师今后的教学提出了合理的建议。

面对这种新颖的考试形式,我们小学的教育怎么办?结合中考、高考试题的变化,芳草地国际学校也尝试着改造自己的试题。每年的期末考试试题中都会有10%的新题。通过这些新题让学生体会到学科之间的融合,体会到学校生活和家庭生活、社会生活的关系。例如,让学生阅读小儿感冒颗粒的说明书,根据说明回答问题,考查学生提取信息的能力和理解能力。甚至"学校举行网络联欢会的主题及节目"也会出现在试卷中。这种灵活的试题,看似是在考查学校德育活动的开展情况,其实意在传递一个信号:重视全面育人、全员育人、全程育人,推动学校发展,提升学生核心素养。

这种新颖的考试形式,将学生从死记硬背、题海战术中解放出来。从"考宽考活"到"教宽教活",最终到学生的"学宽学活",在这个过程中,学生的综合素养提升了,也促进了学校课程形式的变革,有利于推进学校的课程发展。

第三章

构建中西融合的芳草课程体系

第三章 构建中西融合的芳草课程体系

芳草课程是芳草地国际学校一道亮丽的风景线。学校以国家课程校本化实施为基本思路，借鉴PYP课程先进理念，运用忠实、整合、拓展、创生策略，整体构建学校课程体系（图3-1），即以培养具有"中国情怀、国际视野"的学子为核心，以"道德、语言、数学、科技、健康、艺术"为基础学科领域，以"我爱芳草地、可爱的故乡、美丽的中国、多彩的世界、我想去那里、唯一的地球"为探索研究主题，为学生发展、教师发展、学校发展提供强有力的支撑和保证。

图3-1 芳草课程体系模式图

在科技与信息高速发展的今天，国际化已经成为社会发展的总趋势，教育国际化同样如此，其已经从一种教育理想发展为一种教育实践活动。从1983年邓小平同志提出的"三个面向"，到21世纪《国家中长期教育改革和发展规划纲要（2010—2020年）》对未来我国教育国际化又提出了新的发展目标，教育国际化正作为提升基础教育发展水平，实现基础教育现代化的重要途径和策略得以实践和推进。而在这一进程中，课程建设无疑要担当起重任。统观中西课程，中国课程注重基础、系统、规范……西方课程注重创新、应用……梳理自身的课程发展历程，芳草地国际学校再一次认识到：作为国立公办涉外学校，应牢牢把握中国基础教育优势，时刻关注全球教育发展趋势，研究世界先进教育理念，并实现有效融合。基于此，学校围绕育人目标——中国情怀、国际视野，明确提出以"国家课程校本化实施"为基本思路，借鉴 PYP 课程理念，整体构建中西融合的芳草课程体系。

第一节 课程建设的目标

芳草课程的总目标为：深入落实国家课程标准，凸显芳草特色，以育人目标"中国情怀、国际视野"为核心，运用忠实、整合、拓展、创生四个策略，以"道德、语言、数学、科技、健康、艺术"为六大基础学科领域，以"我爱芳草地、可爱的故乡、美丽的中国、多彩的世界、我想去那里、唯一的地球"为六大探索研究主题，逐步培养学生的人文素养、科学素养、健康身心素养、友好交往素养、自主学习素养、信息素养等核心素养，促进学生的全面发展、个性发展、可持续发展。其中，六大领域与六大主题的具体课程目标情况如下。

一、六大领域课程目标

道德领域：基于育人目标，深入落实国家课程标准，丰富道德推理、儿童哲学、国际理解等道德课程，培养学生的良好品德，促进学生的社会性发展，为学生认知社会、参与社会、适应社会，成为具有爱心、责任心、良好行为习惯和个性品质的公民奠定基础。

语言领域：基于育人目标，深入落实国家课程标准，通过语言基础课程和具有综合性、实践性、活动性主题课程的学习，突出多元有界，融合共情，即解读表达要多元，但需有界，营造共情、多元对话，从多元走向融合。促进学生的语言认知、语言实践、语言文化、语言思维等素养的提升。

数学领域：基于育人目标，深入落实国家课程标准，通过丰富的课堂内外活动，以真实情境下的问题解决为教学方式，培养学生确定并理解数学在社会生活中所起的作用，培养学生能够得出有充分根据的数学判断，能够有效地运用数学，培养学生具备适应当下以及未来生活所必需的数学能力。

科技领域：基于育人目标，深入落实国家课程标准，引导学生热爱科学，通过以探究为主的学习方式，构建核心科学概念。关注科学、技术、工程、数学、艺术等紧密联系，在探究活动中，学会提出问题、设计方案、解决问题，培养学生凡事求真的品行、实践能力和创新精神，提升科学素养。

健康领域：基于育人目标，深入落实国家课程标准，通过运动参与、运动技能、身体健康、心理健康与社会适应方面的学习，引导学生掌握体育与健康基础知识、基本技能和方法，增强学生的体能，培养学生坚强的意志品质、合作精神和交往能力等，为学生终身参加体育锻炼奠定基础，促进学生健康、全面发展。

艺术领域：基于育人目标，深入落实国家课程标准，凸显芳草特色，培养学生掌握欣赏、评述、表现的方法，丰富视觉、听觉、触觉和审美经验，体验艺术活动的乐趣，获得对艺术学习的持久兴趣；了解基本艺术语言的表达方式和方法，表达自己的情感和思想；激发创造精神，发展艺术表现力，形成基本的艺术素养，陶冶高尚的审美情操，完善人格。

二、六大主题课程目标

六大主题课程也叫地球主题探索课程，此课程的目标是：基于国家战略、学校课程改革及学生发展需要，深入落实国家课程标准，凸显芳草特色，围绕培养具有"中国情怀、国际视野"的芳草学子育人目标，以"主题探索"为主要形式，以"整合""拓展"为主要策略，开发以地球为主题的系列实践活动，以育人目标为指向，有效落实芳草地国际学校课程，提升课程设置的适切性；基于主题学习，把生活与实践融入课堂，鼓励学生用学科做事情；关注学生生活，引导学生利用多种方式获取信息，形成对自然、社会和自我的整体认识；引导学生与他人合作，发展思维品质，形成科学态度，培养创新精神、实践能力和强烈的社会责任感。

(一)我爱芳草地

以芳草地国际学校为研究的主要对象，通过学习学校的历史、人物、相关文化等内容，能够比较系统地整理信息，运用文字和图片展示学习所得，在多种形式的学习中，了解芳草的基本知识，认识芳草是小小地球村，热爱芳草，宣传芳草，建设芳草。

(二)可爱的故乡

综合运用信息查阅、搜集和访谈等方法，在走访、整理信息、问题探究中，培养研究能力，会写简单的研究报告，增强爱家乡、爱祖国的情感。

(三)美丽的中国

通过多种途径接触、了解关于中国的历史名胜、人文地理等知识，了解社会实践资源，发现自己感兴趣的问题，并能针对这些问题进行一定的研究，在自主探究学习中，形成自己的观点，并结合社会实践，亲身探寻中国多样的美，去博物馆了解中国的历史，树立"美丽中国，我的中国梦"的情怀和价值观。

(四)多彩的世界

以世界为研究对象，针对近期世界发生的大事件以及世界范围内关注的热点、焦点问题进行研究学习，关心国际时事，有效处理信息，形成自己的观点，针对有价值的问题进行研究，形成有一定价值的研究报告，开拓国际视野，促进批判性思维的形成，增进国际理解、友好世界、热爱和平的情感。

(五)我想去那里

以国家(地区)为单位进行主题探索，围绕自己游学过或向往的国家(地区)的风景名胜、人文历史、经济发展等某一方面感兴趣的问题进行自主探究学习，加深对多元文化的理解。通过开展研究性学习，提升合作与交流能力、自主发展能力等。形成研究报告，体现对文化的尊重和理解。

(六)唯一的地球

以"地球"为研究目标，通过选择适合的热点问题或感兴趣的问题进行研究，引发深度思考，形成自然科学与人文结合的、有一定价值的研究报告，培养关心地球、关心资源、致力环保的情感。

第二节　课程实施的四个策略

课程实施是决定课程改革成败的关键环节，课程实施策略与模式对课程实施意义重大。课程专家迈克尔·富兰（Michael Fullan）指出，课程改革一般由三个阶段组成：发起或启动阶段；实施或最初使用阶段；常规化或制度化阶段。可见，课程实施是课程改革过程中的第二个阶段，即将课程改革计划付诸实践的过程。研究表明，课程实施是将课程理论转化为课程实践的活动，是决定课程改革成败的关键环节。以2001年教育部印发《基础教育课程改革纲要（试行）》为标志，我国开始了新一轮基础教育课程改革，在这之后的十几年间，有关课程改革的意见、纲要相继出台。2018年9月10日，全国教育大会在北京召开，习近平总书记在全国教育大会上的重要讲话，围绕培养什么人、怎样培养人、为谁培养人的根本问题做出了战略部署。但不能否认的是，我们关于课程实施的理论研究仍旧十分匮乏，对课程实施的策略、模式等问题的认识相对不足。因此，我们有必要借鉴国外课程理论，从中发掘它对我国正在进行的课程改革的启示。

尹弘飚、靳玉乐[1]在《课程实施的策略与模式》一文中分析了国外研究者提出的课程实施策略类型，并选择了两种典型的课程实施模式—研

---

[1] 尹弘飚、靳玉乐：《课程实施的策略与模式》，载《比较教育研究》，2003(2)。

究—开发—推广模式与兰德变革模式，进行了深入探讨，提出应根据我国国情，综合采取多种策略与模式，扬长避短，因地制宜，因时而异，形成一种富有弹性的课程实施策略模式。

北京市朝阳区芳草地国际学校根据学校自身特点及课程整体设置提出了四个策略，即忠实策略、整合策略、拓展策略和创生策略。一个设计完善的课程计划只有通过成功的实施才能发挥其重要作用，在学校整体课程构建中，我们突出强调重视"策略"的指导意义和作用。

一、忠实策略

国家课程内容结构严谨，课程内容选择的科学性强，课程内容呈现和排列的系统性和逻辑性强。因此，学校课程一定要忠实于国家课程，以国家课程校本化实施的方式推进。传统意义上的"忠实"是课程实施者对既定课程文本的忠实，是机械、被动的照搬，是"伪忠实"。因为课程实施如此复杂又变动不居，再详细具体的课程文本也难以穷尽其所有可能的情况。课程实施中真正的忠实应该是对课程改革精神的忠实，是对课程计划所反映的新课程理念和课程观的忠实。只有这样的忠实才可能调动实施者对课程改革的热情和积极投入，实施者才会在具体条件各异的情况下最大限度地发挥自己的自主性和能动性，根据课程类型和个性特点灵活地选择课程实施的方式和方法。不论何种类型的课程，就其实施而言，忠实于课程理念、课程观和课程计划都是应然也是必然的追求。孙宽宁在《课程实施：忠实基础上的理解与选择》一文中对课程实施的忠实策略进行了解读和阐释，特别指出当前的课程实施存在着对课程计划机械忠实和随意解读两种错误倾向，这在很大程度上影响了新课程改革的效果。新课程改革需要教师在忠实于课程计划及其所蕴含理念的基础上对课程进行理解与选择，并展开个性化的课程实施。[①]

---

① 孙宽宁：《课程实施：忠实基础上的理解与选择》，载《教育发展研究》，2008(Z4)。

二、整合策略

随着国家、地方和校本三级课程框架得以建立，如何在课程实施中整合与优化各级课程，创造性地加以实施呢？学生身心发展的整体性、生活世界的多样性是学校实施整合策略的基本依据。整合策略指向学生全面而有个性发展，指向还原学生的生活世界，指向让学生获得更多的"自由时间"。

刘云生、张鸿在《课程实施：整合与优化》中针对课程整合的重本与开放、过程与动态、适切与多元、复杂与充盈等特征，阐释了课程整合的途径与方式，并提出了课程整合的优化与价值：确立"教师是课程建设者"的观念，提高教师的课程素养，建立教师参与课程建设的机制，争取课程整合的环境支持，开创课程实施中的整合策略。对于课程整合是否有效，他们提出了以下几种评判模式：真实感受模式；水平检测模式；专家会诊模式；虚拟评价模式；团队综评模式。[1]

三、拓展策略

拓展策略着眼于学生发展、学科发展，重在学生兴趣、特长的培养，重在学科本质、精神的课程一定要拓展，没有对学科本质的把握就谈不上拓展。芳草地国际学校刘飞校长指出："我们把拓展策略放在第一位，没有对国家课程的深入理解和把握，就谈不上学校课程的校本化实施。理解，同时努力实现社会资源教学化，为学生发展、学科发展提供更大的平台。"

针对拓展策略，很多工作在一线岗位的教师都尝试使用并受益匪浅。李佳从学生主动生成策略、情境激发策略和延伸拓展策略三个不同维度探讨了小学数学生成教学的具体实施策略，结论对小学数学课堂改

---

[1] 刘云生、张鸿：《课程实施：整合与优化》，载《中国教育学刊》，2003(3)。

革具有重要的借鉴价值。① 毛成特别对语文课堂上的文本拓展进行了说明，尝试打破一元取向的文本拓展，充分挖掘了"指向阅读的文本拓展""指向表达的文本拓展""指向思维的文本拓展""指向文化的文本拓展""指向审美的文本拓展"多元角度，倡导让拓展成为提升教学效果的重要举措。②

四、创生策略

随着新课程改革的不断深入，课程实施的价值取向经历由忠实取向到相互适应取向再到课程创生取向的发展历程。课程改革以来，在课堂教学层面所遭遇到的最大挑战就是形式化和低效化的问题，提升课堂教学的有效性显得非常紧迫，创生策略是提高教学效率的有效策略。

课程创生是指教师根据本地本校的实际情况、自己的知识经验和能力优势、学生的兴趣爱好和发展水平等，在整个课程运作过程中通过批判反思来实现对课程目标、课程内容、课程资源、课程意义和课程理论持续、主动的变革、构建和创造，培养和提升学生在课程活动中的主体性和创造性。一方面，课程创生能够有效地提高教学的目的性、学生学习的主体性和自觉性，进而提高教学效果；另一方面，教学效率的提高也促使教师对课程的设计和实施进行必要的反思和改进。因此，课程创生是课程改革背景下的必然要求。

在这种背景下，一大批有关课程创生的专著和论文应运而生。陆胜利在《课程创生与语文学科的有效教学策略》中总结了课程创生的必要性和优势，同时对如何进行课程创生以及如何将课程创生与语文学科教学

---

① 李佳：《凸显数学课堂教学的"生成与建构"——小学数学课堂教学理念的新追求》，载《课程教育研究》，2018(38)。

② 毛成：《多元指向的小学语文文本拓展策略》，载《教学与管理》，2018(23)。

联系起来进行了论述，并列举了一些案例。[①] 孔凡成对创生策略进行了进一步分解和剖析，针对语文课堂教学，提出了三个基本策略：互动互成，促进课程目标与教学内容和谐统一；厚积薄发，深入探究课文教学价值；因境定教，适需定位教学内容。三个创生策略相辅相成，应统筹兼顾。[②]

基于学校育人目标、国家课程标准、学校课程研究、信息化背景下教育的发展，以学习环境和新的学习方法为指向，突出学生主动学习、参与学习、探究学习、实践学习，立足主题活动的学习，提升关键能力。在遵循四个策略的前提下，芳草课程能够顺利有序地科学推进，学生有了实际获得感，为培养具有"中国情怀、国际视野"的芳草学子奠定了坚实的基础。

第三节　课程建设的结构

一、整体结构

芳草课程以培养具有"中国情怀、国际视野"的芳草学子为核心，以"道德、语言、数学、科技、健康、艺术"为基础学科领域，以"我爱芳草地、可爱的故乡、美丽的中国、多彩的世界、我想去那里、唯一的地球"为探索研究主题的课程体系。我们可以将课程归纳为"一个核心，六大领域，六大主题"的结构。

（一）一个核心

一个核心即培养具有"中国情怀、国际视野"的芳草学子，这也是芳草地国际学校的培养目标。

[①] 陆胜利：《课程创生与语文学科的有效教学策略》，载《教育理论与实践》，2008(12)。

[②] 孔凡成：《语文教学内容的创生策略》，载《合肥师范学院学报》，2017(4)。

(二)六大领域

围绕培养目标的内圈为六大领域，是基础类整合课程，也是面向全体学生开设的必修课程，主要包括国家、地方和校本的必修、选修课程，是促进学生全面发展、提升综合素养的核心课程，有利于拓展和提升学生的学习能力。六大领域包括道德领域、语言领域、数学领域、科技领域、健康领域和艺术领域。

(三)六大主题

围绕培养目标的外圈是六大主题，六大主题课程也叫地球主题探索课程。课程基于国家战略、学校课程改革及学生发展需要，深入落实国家课程标准，凸显芳草特色，以"主题探索"为主要形式，包括我爱芳草地、可爱的故乡、美丽的中国、多彩的世界、我想去那里和唯一的地球六大主题。

二、内部关系

芳草课程有六大领域，如六片芳草，即道德之芳草地、语言之芳草地、数学之芳草地、科技之芳草地、健康之芳草地、艺术之芳草地。

起先，每片芳草地自我发展，内部蔓延，自成一片。六大领域各自围绕培养具有"中国情怀、国际视野"的芳草学子这一育人目标，开展国家课程、地方课程校本化改造，忠实于课程标准，探求学科本质，优化学习方式，追求实际获得，旨在夯实学生的学科基础。国家课程构建到六个领域，六个领域之间是有关系的，它们既要保持学科优势，还要实现穿越，实现内容可旋转、资源可供给、课时可长短、目标可延展、思维可碰撞、素养可提升。

芳草课程还构建了六个主题，六个主题建构在六个领域的基础上，是用综合实践活动的方式解决学生的问题，如何解决这些问题呢？学校根据教师所长、学生所需、资源所及开发课程，突破教师专业化发展的瓶颈，拓展学习的时空，满足学生多样化的需求，促成教育资源课程化。继而，六片草地中的各门学科，跨越边界，寻找生活，发现关联，缀成一片，开发了纵横交错的地球主题探索系列课程，形成了"我中有你，你中有我"的融合局面。横向层面，芳草课程以学生和学校为圆心，不断扩展视野，蔓延开去，引导学生由近及远地探索我爱芳草地、可爱的故乡、美丽的中国、多彩的世界、我想去那里、唯一的地球六大主题。这类课程超越学科本位，极富教育价值，具体表现为：它以时空二维的变化运转打破了原来固有的教育时空观，使得学生的认识视界从家、校出发，既深刻认识家、校两类空间，又跳出了重复、逼仄的家、校空间，走向更为广阔的自然与社会；它以主题活动为引导，内含"情感态度和价值观"的教育，转变了以往学科课程贴标签、玩概念、走形式的"三观"教育；它以认知规律为前提，在生产生活实践中提问、质疑、探索、发现，生动学习，主动参与，切身体验，培育和发展了学生对学习和生活的兴趣。纵向层面，芳草课程照顾了各年级学生之间的认知差异，在同类主题下面衍生出不同层次的二级主题，它必将构筑起学生精神生活的美好家园，也必然发展学生对于真、善、美的追求欲望，还能让学生架设起理想与现实、理论与实践、学习与生活、感性与理性等各种各样的桥梁。这种蔓延式的课程建设过程也符合学校教育实践层面的特点，也昭示了课程建设的一个基本规律，即宏观的理论架构与微观的实践推进之间的互动实际上是解构与重构的过程。例如，宏观方面的三级课程管理体系及其理论，主要是为了让实践者在课程建设中有类属意识，并对每一类属的属性进行确认，从而把握本质特点，但在实践层面就不能将之截然分开，而是要将它们融为一体，建设成为一体化的学校课程。再如，分科课程是课程发展历史上的必然，是课程发展的宏观架构，是学习精细化的要求，它有利于系统掌握学科知识，有利于对学科基础和学科前沿有着更为全面的把握。但在实践层面我们会发现，所有分科课程的学习最终都指向每一个学习个体。也就是说，学科是分科的，教师讲授也是分科的，但学生却要学习设置的所有必修学科，如果我们不帮助学生打通，学生在基础教育阶段是很难自我打通的，作为学校和教师就要在课程实施中引导学生打通学科壁垒。又如，"知识与能力""过程与方法""情感态度和价值观"三维目标，在课程标准中是分别提出来的，这是一种宏观架构，它提醒教师在进行课程开发与实施中，要全面考虑这三个维度，不能有缺失，但它并不意味着在课堂上的割裂，更不是像有的课一样，每到课堂快要结束的时候，续上一个"情感态度和价值观"的小尾巴。

芳草课程六大领域内容可以旋转，每一领域又可以对应六大主题，学生在穿越中学习课程，在实践中习得知识，让生命焕发光彩。

第四节 课程建设的内容

一、六大领域课程内容

芳草课程分为六大领域，具体课程内容如下（表3-1至表3-6）。

表3-1 道德领域课程一览表

门类	课程名称
国家课程（必修）	道德与法治、品德与生活、品德与社会
学校选修	儿童哲学、道德推理、国际理解

表3-2 语言领域课程一览表

门类	课程名称
国家课程（必修）	语文（语文综合实践活动）、对外汉语、英语
学校选修	零起点口语、芳草汉语、汉语速成、英语、戏剧、诗词诵读、演讲与写作、影视欣赏、世界绘本、经典阅读、英语故事、西班牙语、英语配音、复活的地下军团

表 3-3　数学领域课程一览表

门类	课程名称
国家课程（必修）	数学
学校选修	玩具与游戏、漫画数学、数学思维、数学绘本画

表 3-4　科技领域课程一览表

门类	课程名称
国家课程（必修）	科学
学校选修	科技实践活动、疯狂科学、航模、机器人、种植与饲养、废旧物品制作、拼贴制作、智能机器人、天文探索、远洋之帆、科技节能减排在行动

表 3-5　健康领域课程一览表

门类	课程名称
国家课程（必修）	体育
学校选修	武术、空竹、民族体育、室内高尔夫、高跷、太极、手工串珠、花式篮球、足球、游戏、健美操、红领巾的红军行

表 3-6　艺术领域课程一览表

门类	课程名称
国家课程（必修）	音乐、美术、书法
学校选修	京剧、视唱练耳、合唱基础、韵律操、舞蹈、趣味美术、纸工制作、中国画、泥塑面塑、工艺美术、巧手折纸、布贴画、剪纸、毛猴制作、十字绣、衍纸画

二、六大主题课程内容

芳草课程分为六大主题，具体课程内容如下（表 3-7 至表 3-12）。

构建中西融合的芳草课程

北京市朝阳区芳草地国际学校遨游计划成果

表 3-7 "我爱芳草地"专题内容

主题	探索方向	探索项目
我爱芳草地	在这里—— 感受自然、体验人文	光影芳草、芳草景观……
	昨天的故事—— 触摸历史、品味传统	述说芳草、图说芳草……
	让我们一起做—— 亲身实践、合作分享	芳草景观"扫一扫"……
	想知道更多—— 探索发现、遇见未来	未来芳草、对话芳草……

表 3-8 "可爱的故乡"专题内容

主题	探索方向	探索项目
可爱的故乡	在这里—— 感受自然、体验人文	名人故里、故乡地理……
	昨天的故事—— 触摸历史、品味传统	名胜的前世今生、古城保护……
	让我们一起做—— 亲身实践、合作分享	故乡特产、小吃里的大学问……
	想知道更多—— 探索发现、遇见未来	20年后回故乡、故乡未来……

表 3-9 "美丽的中国"专题内容

主题	探索方向	探索项目
美丽的中国	在这里—— 感受自然、体验人文	清明文化探索课程、各异的民族……
	昨天的故事—— 触摸历史、品味传统	"醉"美丝路、红领巾的红军行……
	让我们一起做—— 亲身实践、合作分享	写"福"字、时间的味道……
	想知道更多—— 探索发现、遇见未来	博物馆之旅、梦回繁荣畅想未来……

表 3-10 "多彩的世界"专题内容

主题	探索方向	探索项目
多彩的世界	在这里—— 感受自然、体验人文	新闻焦点、China(中国)！青花！……
	昨天的故事—— 触摸历史、品味传统	丝路商贾、废墟的辉煌……
	让我们一起做—— 亲身实践、合作分享	小小联合国、奇妙的变化……
	想知道更多—— 探索发现、遇见未来	世界奇迹探秘、国家周……

表 3-11 "我想去那里"专题内容

主题	探索方向	探索项目
我想去那里	在这里—— 感受自然、体验人文	台湾寻宝、青海民居……
	昨天的故事—— 触摸历史、品味传统	芳草西行记、一带一路上的童话世界……
	让我们一起做—— 亲身实践、合作分享	南洋手机公司、美食分享……
	想知道更多—— 探索发现、遇见未来	神奇的东方树叶、穿越时空的贸易……

表 3-12 "唯一的地球"专题内容

主题	探索方向	探索项目
唯一的地球	在这里—— 感受自然、体验人文	天文观测、气象万千……
	昨天的故事—— 触摸历史、品味传统	冰川时代、山川河流……
	让我们一起做—— 亲身实践、合作分享	身边的隐形杀手、预防雾霾……
	想知道更多—— 探索发现、遇见未来	第二个家园、未来之舟……

第五节　课程建设的特点

一、门类丰富多元

芳草课程门类和内容丰富多元，如六大领域内容、六大主题课程等，每个模块的课程目标明确、主题突出。每个领域都包含国家课程、地方课程、校本课程。其中地方课程和校本课程根据本校实际情况开设，如"复活的地下军团""一带一路""红领巾的红军行"这些地方课程都已经形成了学校的传统和品牌。"复活的地下军团"课程已经在北京、昆明等地组织了多次大型展示。六大主题课程的每个主题都有四个探索方向，分别是：在这里、昨天的故事、让我们一起做、想知道更多。"在这里"探索的方向是感受自然、体验人文；"昨天的故事"探索的方向是触摸历史、品味传统；"让我们一起做"探索的方向是亲身实践、合作分享；"想知道更多"探索的方向是探索发现、遇见未来。每个探索方向中还包含着众多探索项目。

二、结构纵横贯通

芳草课程结构分为六大主题和六大领域，国家课程构建到六个领域，六个领域之间是有关系的，它们既要保持学科优势，还要实现穿越。

芳草地国际学校课程构建到六大主题，六大主题之间是有逻辑关系的，从我爱芳草地到可爱的故乡、美丽的中国、多彩的世界，再到我想去那里，学生视野从校园到故乡、中国、世界，一步步扩大，思维也逐渐提升。

六大领域和六大主题之间也是有逻辑关系的，六大主题以六大领域为基础，与领域课程互相补充，每个领域可以对应不同的主题，可以相互交叉。六大领域课程和六大主题课程共同作用，促进培养目标的达成，最终促进学生的全面发展。

三、内容开放综合

芳草课程注重学科学习与主题学习相结合。学科学习是通过长时间的专业训练形成专业思维，通过这种思维促成基础知识的积累，增加基本专业技能，形成专业基本经验，从而达到某门具体学科所要前进的基本目标。而主题学习可以帮助我们厘清课程的组织结构，能够帮助我们聚焦和定义一个学习单元，通过自主探究和协作探究让学生在相关学习概念和学习内容之间建立联系，帮助强化学生对学习主题的理解，因此二者密不可分。

芳草课程注重线上学习与线下学习相结合。线下学习注重的是师生和生生之间的互动，关注学生的兴趣养成，良好学习习惯的形成，敢开口、会表达、会合作等方面，但是会受到时间和空间的限制。而线上学习可以随时随地进行，不受时间、空间的限制，更加方便快捷。学生通过在学习平台上参与学习，增加师生间的深度交互，并且实现动态评价、异步交流内容及过程的永久留存。二者相结合，可以保证活动开展更有效。

课内学习与课外学习相结合。综合实践活动是从学生的真实生活和发展需要出发，从生活情境中发现问题，转化为活动主题，通过探究、服务、制作、体验等方式，培养学生综合素质的跨学科实践性课程。课堂学习时间有限，课外学习给了学生自主探究的时间和空间，给了学生从生活中来、再回生活中去的时间和空间，让学习更能学以致用。

芳草课程注重家校社会相结合。主题探索课程希望打破传统课堂与学生生活世界的隔离屏障，倡导学生走出校园、走入社会，开展广泛的社会调查及参观访问等活动，借以了解现实，提高社会实践能力。因而课程在设计上更关注主题内容与社区、家庭的结合和拓展。学生在完成前期基本的学习后，根据学习内容开展社会实践或者家校的互动，在学生亲身实践的过程中，他们更能体会到自己作为社会一员的责任和义务。家长在参与主题实践课程的过程中也由原来学校教育的旁观者转变成合作者。

构建中西融合的芳草课程

北京市朝阳区芳草地国际学校邀游计划成果

芳草地国际学校在六大领域中渗透了不少于10％的综合实践活动，除了语文综合课程、数学综合课程，还推出了艺术综合课程、体育综合课程（动起来）、班会综合课程，努力构建以生为本、充满生命活力的课堂教学模式。激发学生兴趣，开阔学生视野，放飞学生想象，点燃学生创新的火花，切实做到让每一个学生得到发展。

四、路径中西融合

一是创新课堂教学。课堂教学中多采用的教学方式如"主题学习"，即借助网络或者综合实践学习的平台进行基于学科或者综合学科的学习，如国际部的"中国龙"的学习和"芳草景观"的主题学习等。"翻转式"是另一种常用形式，即借用翻转课堂理念，学生先学后讨论，教师针对学生提出的有价值的问题展开教学，如"英语文化课""语文学习单课堂"。此外，芳草课程还对"活动式""反思式""展览式"等教学方式进行着探索。

二是认识问题与解决实际问题相结合。课程设计关注学生学习方式，学生在学习的过程中能够积极地收集信息、获取知识、探讨方案，能够解决具有现实意义的问题。而在课程的设计中，不一定所有的主题都是现实世界中真实存在的问题，课程设计更加强调培养学生在解决问题的过程中需要的在现实生活中需具备的素质，如批判性思维、团队合作能力、决策能力等。学生在学习的过程中不仅拓展了认识世界的方式，还锻炼了动手解决实际问题的能力。

三是借助信息化手段，构建线上线下的云课堂教学模式。"芳草校信"的应用，为师生提供了交流展示的平台；学科资源的共享及在线研讨，使课程学习打破了时间和空间的局限。各学科系统的微课资源是学生预习及复习时的有效媒介。例如，语文学科将学生的阅读能力点进行分解，录制了各年级阅读能力训练的微课视频，在"芳草校信"平台中分享，便于学生更加有效地进行知识及方法的梳理，将碎片化的信息形成整体性的知识网络。信息技术与教育教学的深度融合，让自主式、探究式、线上线下的混合学习方式成为可能。

第四章

芳草课程实施的印迹

课程实施作为一个动态的实践过程，具有一定的运行结构。芳草地国际学校在课程实施的过程中，在顶层设计的基础上，基于学校育人目标、国家课程目标、国际课程研究、信息化背景下教育的发展，以新的学习环境和学习方法的研究为突破，突出学生主动学习、参与学习、探究学习，立足实践活动，提升关键能力。学校主要从三个方面开展工作：提出明确的育人要求，带班育人要致力共学共事，注重习惯养成，聚焦学思知行，促进儿童的全面发展；推进以"四个清晰"为基本标准的知行课堂，关注核心素养的培养，使学生成为学习的主体，知情意行良好发展；聚焦项目学习（图 4-1），使学生通过组建团队解决真实情境中的问题，促进能力的提高。

图 4-1 聚焦项目学习

第一节 课程实施指向整体育人

芳草课程实施的过程中，学校始终以培养具有"中国情怀、国际视野"的芳草学子这一育人目标为核心，在有效促进儿童全面发展进程中，

构建中西融合的芳草课程

北京市朝阳区芳草地国际学校遨游计划成果

结合芳草国际化办学特色，整体构建带班育人课程评价体系，促使全体中外师生都能自觉践行学校的办学理念和育人目标，在学生心中播种芳草做人的行为准则，引导学生从小树立正确的价值观，为学生全面、健康成长奠定坚实的基础。该体系提出带班育人要致力共学共事，注重习惯养成，聚焦学思知行，促进儿童的全面发展。

一、共学共事

陶行知曾倡导"师生共学、共事、共修养"，"要学生做的事，教职员躬亲共做；要学生学的知识，教职员躬亲共学"，这样，教师才能起到感化、教育学生的示范作用，只有学而不厌才能诲人不倦。芳草课程带班育人评价标准提出：教师要在仪容仪表、立德修身与主动参与三个方面与学生"共学共事"。作为一名教师要为人师表，教师的一切行为、气质，包括谈吐、衣着、仪表等，这些随时在无意中流露出来的细节，对学生来说都是润物无声的教材，是最直接的榜样。教师要有健康的身心和良好的精神状态，教师积极向上、乐观自信的态度会直接影响学生的心态；教师要具有高尚的道德修养，同时要引导学生树立正确的世界观、人生观、价值观，要培养学生学会运用辩证法去发现问题、解决问题的科学思维习惯。因此，教师要联系生活和教材实际，通过儿童哲学、道德与法治等课程，寻找适合学生的方法与途径，让学生在学习过程中，汲取智慧，滋养道德成长，以实现立德树人的根本任务。不仅如此，教师要求学生做的事情，自己也要亲自去做一做，要求学生学的知识，自己也要学一学，要自觉主动地参与到学习中去，在共学共事的过程中，相互尊重，保护学生的童心与好奇心，只有这样，教师才能起到感化、教育学生的示范作用。

二、习惯养成

著名教育家叶圣陶先生曾说过："什么是教育，简单一句话，就是要培养良好的习惯。"芳草课程在实施过程中注重学生习惯的养成，在课堂中对学生从看、听、说、想、做五个方面提出要求，以此引导学生学会学习，在上每一节课时要学会看、学会听、学会说、学会想、学会做。学会看：就是在课堂上要看教师、看黑板、看课本。学会听：要求学生在课堂上注意听教师的问题、听同学的发言、听评价、听教师的小结。学会说：鼓励学生乐于分享自己的观点，自信、自然、流畅、简洁地表达，声音要适中。学会想：学生可以静心思考、积极举手，要学会有层次、多角度质疑。学会做：做到"三个一"，要勇于实践探究，学会合作解决问题。用最基本的、清晰明确又易于完成的任务标准来评价要求学生，简单易懂，学生乐于接受。良好习惯的养成不仅提高了学生课堂学习的时效，而且为学生终身发展打下坚实的基础。

三、学思知行

(一)培养学生思维

思维是整个智慧的核心，参与与配合着一切智力活动。小学阶段是发展思维的重要阶段，是培养思维习惯的重要时期。好的思维方法能更好地触发灵感，反复训练并摸索出适合自己的思想方法，形成良好的思维习惯后，就会大大提高创造力，让学生变得更智慧。

我们认为有序思维、系统思维、创新思维是小学阶段三种基本的思维方式，认真研究其内涵，对我们把握其习惯要素很有帮助。

有序思维是指学生按照一定的条理，朝着有利于解决问题的思维方向思考，优化程序步步向前推进，一直到有效地完成任务、实现目标。有序思维可优化学生的思维过程，使学生考虑问题有条理，既不重复，也不遗漏；同时可以提高学生思维的敏捷性，更好地发展学生的思维能力。由此，我们认为有序思维习惯应包括以下要素：思考有条理，经常对标（对照标准、目标），不断追问自己是否在按最佳方式推进。

系统思维就是把认识对象作为系统，从系统和要素、要素和要素、系统和环境的相互联系及相互作用中综合地考察、认识对象的一种思维方法。由此，就学习而言，我们认为系统思维习惯应包括以下几点：着眼整体——始终从整体来考虑，把整体放在第一位，而不是让任何部分的东西凌驾于整体之上；关注联系——注意要素相关方之间有什么关系；重视要素——注意要素的本质特征是什么。养成系统思维习惯，能极大地简化人们对事物的认知，以一种整体观总领全局。这对学生学习尤为有效。

创新思维就是不受现成的常规的思路约束，寻求对问题的全新的独特的解答和解决方法的思维过程。由此，我们认为创新思维习惯应包括以下要素：打破定势——例如，一条船上有75头牛，有32只羊，问船长的年龄有多大；善于发散——还有新的方法吗？"苟日新，日日新，又日新"；长于逆向——例如，司马光砸缸，顺向"救人离水"，逆向"让水离人"。

（二）增长知识见识

"非学无以广才，非志无以成学"，传授知识是教育的重要功能。"要在增长知识见识上下功夫，教育引导学生珍惜学习时光，心无旁骛求知问学，增长见识，丰富学识，沿着求真理、悟道理、明事理的方向前进。"在2018年的全国教育大会上，习近平总书记的谆谆教导、殷殷期许，值得为人师者和莘莘学子铭记在心。

知识传承很重要，见识的培育更关键。在古汉语中，"知"与"识"相连又有别。知是获取信息，是第一层级；识是具备见解，是更高层级。由知而识，方为智慧。一方面，正所谓"师父领进门，修行在个人"，注重把所学知识内化于心，形成自己的见解，才算得上学懂弄通；另一方面，具备粗中取精的信息筛选力、去伪存真的知识鉴别力、把握时代大势的洞察力，方能在信息爆炸的时代从容不迫。从路径上说，培养见识，离不开课堂，但也不能囿于课堂，既需要言传，更需要鼓励学生在敏于求知、勤于学习、敢于创新、勇于实践的过程中去主动领悟与把握。

（三）勤于动手

课程标准倡导探究性学习，力图促进学生学习方式的变革，引导学生主动参与探究过程、勤于动手和动脑，逐步培养创新精神和实践能力。积极的动手活动好比是一座把言语和思维连接起来的桥梁。这些动手活动要能鲜明地反映出并让学生深刻地思考各种事实、事物、现象、过程之间的关系和相互联系。如果想使自己的学生成为善于思考的人，想使严整的、明确的、合乎逻辑顺序的思维通过清楚的说明和解释表达出来，那么就应当吸引他们参与到富有思想内容的动手活动中，把知识体系的关系和相互联系体现出来。

第二节 课程实施指向知行课堂

从 2011 年开始，作为"十二五"期间学校重大改革项目，芳草课程项目被列入"北京市国家级基础教育课程教材改革试验项目""北京市遨游计划项目""朝阳区教委与北京师范大学构建现代基础教育体系研究项目——朝阳区区域教育国际化的模式探索构建项目"。随着芳草课程顶层设计的进行、朝阳区教师基本功培训的推进，芳草课堂也在不断地发生着变化，在校领导的引领下，学校开展了知行课堂的研究。

芳草人追求的课堂是快乐的、有趣的，它应该给学生留有空间：走动的空间、选择的空间、思考的空间。课堂的主人应该是学生，学生的参与是课堂的第一要素，学习内容只是第二要素。课堂教学应该着重培养学生解决问题的能力，包括发现问题、提出方案、确定路径、解决策略、自我反思等。

基于上述的认识，学校开展了知行课堂研究："知"就是求知，与课堂的三维目标（知识与技能、过程与方法、情感态度与价值观）相吻合；"行"就是学生课内与课外的实践活动，学校将"行"继续细分为三个基本层面，即学会知识、获得技能、学会学习。学生知行合一，教师以知择行。

构建中西融合的芳草课程

北京市朝阳区芳草地国际学校邀游计划成果

芳草的知行课堂有如下特征：以育人目标为核心，以学科本质为基点，以学科习惯为重点，以"四个清晰"为基本标准，以自主合作探究为主要方式，以综合实践活动为外显特征，以信息化支持为助力，以中外共教共学为特色。其中最为重要的是知行课堂的四个基本标准，即"四个清晰"：清晰学情，清晰目标，清晰过程，清晰评价。"四个清晰"的提出，为教师教学水平的提升指明了方向，教师真正要了解学生们的所思所想，真正把握住学生的能力优势，进而准确定位教学的重难点，课堂上学生思维被真正调动起来，成为学习的主体，知情意行良好发展，向40分钟要质量，实现有效教学。

一、清晰学情

学情分析是教学设计的重要组成部分，与教学设计中的其他部分有着密切联系，可以说，没有学情分析，一切教学目标的实施都不可能真正实现，只能是空中楼阁。学生是课堂的真正主体，一切教学活动都是围绕这一主体的主动参与学习展开的，只有当教师充分了解自己的学生，对学生进行学习前的各种情况分析，才能有效地利用学生的最近发展区完成各项学习活动，从而做到有的放矢。在"清晰学情"的工作中，我们要做到关注学生、关注学习、关注学科。

1. 关注学生

做好学生情况分析工作。关注学生的年段特征；关注认知能力和非认知能力（如注意力、观察力、记忆力、想象力、思维力、兴趣、习惯、求知欲望、学习热情、自信心、自尊心、好胜心、责任感、义务感、荣誉感、自制性、坚持性、独立性等）；关注特殊学生心理健康。

2. 关注学习

关注学习包括关注学习环境和新的学习方法。

关于学习环境，重点关注学习资源建设、认知工具开发、学习时空拓展、良好师生关系的营造。

关于学习方法，要重点关注学生的认知、合作、创新、实践，尤为关注混合式学习、主题学习等新的学习方法。

3.关注学科

研读课程标准，把握基本要求，明晰学科核心素养，重点关注学科基础知识、基本技能、基本思想方法、基本活动经验；关注学生自主发现和提出问题、分析和解决问题的能力。

二、清晰目标

教学目标是指教学活动实施的目的和预期达成的结果，是一切教学活动的出发点和最终归宿。清晰教学目标首先要明确四个关系。

一是教学目标与教育目标的关系。没有无教学的教育，也没有无教育的教学，由此，清晰教学目标一定要体现教育目标，特别是有学校个性化特征的目标。

二是教学目标与智育目标的关系。教学是智育的主要途径，但不是唯一途径；智育是教学的主要内容，但不是唯一内容。教学目标要突出三维特征，即知识与技能、过程与方法、情感态度与价值观，要体现德、智、体、美、劳全面发展。把教学目标等同于智育目标，会阻碍全面发挥教学的作用，同时也会使智育途径窄化。

三是教学目标与课时目标的关系。这里说的教学目标指的是教学总目标，其与课时目标是整体与部分的关系。每一课时目标必须为教学总目标服务，即经过若干个课时目标的有效实施，可以达成单元教学目标、学期教学目标，层层推进，最终实现教学总目标。这就要求教学总目标必须清晰。有了清晰的教学目标，每一课时才能在整体中找到位置并发挥作用。

四是教学目标与学习目标的关系。教学由教与学两个方面组成，教学目标具体而精确地表达了教学过程结束时教师和学生共同完成的教学任务，学习目标则是学生通过学习最终实现的目的。虽然二者都是为了学生的学习而设立的，但还是有所区别的。设计教学目标时，应该以学生的学习目标为依托，即要清晰学生的认知特点、清晰学生的基础、清

构建中西融合的芳草课程

北京市朝阳区芳草地国际学校遨游计划成果

晰学生应知应会及情感态度与价值观方面的需求或要求，在此基础上，进一步明确过程方法，这样的教学目标才有针对性、实效性。总之，清晰教学目标一定要体现以学生为本，让学生成为学习的主人。

另外，清晰教学目标，要突出校本特色。我们明确提出要培养具有"中国情怀、国际视野"的芳草学子，即芳草学子要热爱祖国、友好中国，要尊重包容、友好世界，要自信乐群、充满活力，要会学善用、充满好奇。这样的目标如何达成？课堂教学仍是主渠道。我们在制定教学目标时，就要充分体现学校育人目标的要求。我们的具体要求是：教学目标有总目标、单元目标、课时目标。教学目标的制定要基于学校育人目标，指向培养具有"中国情怀、国际视野"的芳草学子。教学目标的制定，要依据课程标准、教材要求、学生实际，体现学科素养养成，突出可操作性、可检测性。教学目标的撰写，要以学生为出发点，体现三个维度：知识与能力、过程与方法、情感态度与价值观。

三、清晰过程

教学过程是教学活动的启动、发展、变化和结束在时间上连续展开的程序结构。教学过程不仅是认识过程，也是心理活动过程、社会化过程。因此，教学过程是认识过程、心理活动过程、社会化过程的复合整体。教学过程是一种特殊的认识过程，也是一个促进学生身心发展的过程。在教学过程中，教师有目的、有计划地引导学生能动地进行认识活动，自觉调节自己的志趣和情感，循序渐进地掌握文化科学知识和基本技能，以促进学生智力、体力和社会主义品德、审美情趣的发展，并为学生奠定科学世界观的基础。

清晰教学过程，我们主要引导教师关注核心素养培养及核心问题的解决。我们要求教师在提出核心问题时必须要将核心素养融入核心问题之中，将知识点的传授与核心素养的培养相结合。课堂教学以问题及其解决为主线。课堂教学的思路是：在教师的策划、指导和支持下，学生积极主动地参与问题的发现、提出与解决,在探索问题解决的过程中获得新知、建构新知。在课堂教学活动中,教师作为学习共同体的一员,和学生共同为问题的解决开展合作学习、共同探究,让学生在学习活动中解决问题、培养核心素养。

在教学过程中,教学活动的设计和组织,以激发学生的求知欲望、发掘学生的学习潜能、开发学生的智力、发展学生的核心素养为主旨。通过课堂教学,达成各学科的课程学习目标,发展学生的学习能力、发现和解决问题的能力,促进个性化发展。

核心问题教学模式在课堂教学中要注意三个方面:创设问题情境,设计并开展探讨学习或问题分析、探讨活动,整理展示学习成果。创设问题情境是核心问题教学的前提,问题的设置不同于传统教学中的设问和提问,更加侧重于启迪、引导学生自主探究、获取知识。在整个核心问题的解决过程中,教师要尊重学生,营造宽松的对话氛围,注意聆听学生的发言,注意观察学生的表现并及时做出反馈和引导。我们的要求是:精心设计教学环节,明确设计意图;明确教学核心问题及答案要点;精心设计导语、过渡语、小结语;重视板书设计,厘清学习思路;突出学科育人,做到"四个一",即每一节课都是带班育人课,每一节课都是思维发展课,每一节课都是语言表达课,每一节课都是综合实践课。

四、清晰评价

教学评价是研究教师的教和学生的学的价值的过程。教学评价一般包括对教学过程中教师、学生、教学内容、教学方法手段、教学环境、教学管理诸因素的评价,但主要是对教师教学工作的评价和学生学习效果的评价。教学评价的两个核心环节:对教师教学工作(教学设计、组织、实施等)的评价——教师教学评估(课堂、课外),对学生学习效果的评价——考试与测验。评价的方法主要有量化评价和质性评价。

构建中西融合的芳草课程
北京市朝阳区芳草地国际学校邀游计划成果

　　为配合学校课程的整体推进，解决教学目标、教学规程、教学评价不一致的问题，芳草地国际学校推出了"知行课堂评价表"及"芳草各领域学生素养评价表"，用评价推动执行课堂研究。

　　我们制定评价的目标是围绕落实学生核心素养要求及学校的育人目标，促进学生的发展，推进课堂教学的改革：聚焦学思知行，基于"四个清晰"，提升学科素养，实现个性发展。提出了每一门学科、每一个课堂都应践行的"四个一"标准。"四个一"让我们把注意力集中在了100%的教学实践中，"思维、表达、实践"更是将常态课堂教学直指学科本质和育人。我们的要求是：即时评价，处理好激励和指正的关系；重视学生自评与互评，培养学生评价能力；能够制定测量工具，围绕教学重难点，设计相应的检测内容；发挥评价作用，能通过搭建学习支架等多种方法改进教学；用好"芳草地国际学校领域标准""知行课堂评价表"评价教学。

　　在落实标准的过程中，我们不断学习，不断对"四个清晰"的内涵进行修正与深化，真正做到与时俱进，做到认识、思想、行动的统一，使"四个清晰"标准更加精准，更富有时代特征与芳草特质。

第三节　课程实施指向项目学习

　　项目学习是学生通过解决真实情境中的问题来促进能力的提高，是以学生为中心的教学方法，它通过一些关键素材构建一个环境，学生组建团队通过在此环境里解决一个开放式问题的经历来学习。项目学习并不关注学生可以通过某个既定的方法来解决某个问题，它更强调学生在试图解决问题的过程中发展出来的技巧和能力，包括如何获取知识、如何计划项目以及控制项目的实施、如何加强小组沟通和合作。我们在项目学习的基础上研究开发了三阶段十一步教学法，用于我们的地球主题探索课程。

一、活动准备阶段

在活动准备阶段，教师要充分结合学生经验，为学生提供选择活动主题以及提出问题的机会，引导学生构思选题，鼓励学生提出感兴趣的问题，并及时捕捉活动中学生动态生成的问题，组织学生就问题展开讨论，确立活动目标内容。要让学生积极参与活动方案的制定过程，通过合理的时间安排、责任分工、实施方法和路径选择，对活动可利用的资源及活动的可行性进行评估等，增强活动的计划性，提高学生的活动规划能力。同时，引导学生对活动方案进行组内及组间讨论，吸纳合理化建议，不断优化完善方案。

（一）话题讨论

综合实践活动课程开发与实施的基本理念是：将学生的需要、动机和兴趣置于核心地位，充分发挥学生的主动性和积极性，鼓励学生自主选择活动主题。在话题讨论这一步骤中，话题利用线上讨论的形式展开，组织学生通过专题调查和体验活动发现问题，引导学生捕捉教育教学活动中有价值的问题。

（二）确定研究主题

确定研究主题环节是一个初步明确研究方向、研究目的、研究内容、研究方法和步骤的过程。选题恰当与否是决定学生研究活动是否顺利的关键环节。教师将在这个环节指导学生通过整理、归类、比较、筛选，把这些原始问题转化为可研究的活动主题。学生由于好奇心强、探索欲旺盛，在确定主题时最容易从自己的兴趣出发，一般很少考虑问题的难度、客观条件、课题价值等方面的因素。因此，教师在尊重学生自主的基础上应指导学生选择适合自己，且具有可行性和较高研究价值的主题。在确定主题前，教师要进行选题培训并组织学生通过讨论明确选题的原则和要求：需要性原则，所选主题要真正出自学生的内在要求，这样才能激发学生的探究欲望；实践性原则，学生能在探究过程中运用多种实践探究的方式去解决问题，并获得积极的情感体验；价值性原则，首先研究解决的应该是生活中的实际问题，研究的结果对学生的自身成长、学习生活，对社会环境的发展有一定的促进作用；可行性原则，主题研究的难度适宜，是学生能够凭借自身的知识能力解决的问题，另外还要考虑校内外可以利用的资源，以及人力、物力、财力、研究的时间、安全性等各个方面的可行条件，以保证主题顺利实施。

(三)制订计划

在主题探究活动中，一般要在准备阶段指导学生制订切实可行的研究计划，以保证活动有序开展。研究计划一般包括以下内容：研究主题、研究目标、研究内容、研究方法、研究过程、人员分工、可能遇到的问题和解决策略、预期成果及表现形式。

二、活动实施阶段

活动的实施阶段是学生进行问题解决的过程，是整个活动中最核心的阶段。在这个阶段要求学生通过调查、考察、收集资料等多样化的学习方式，获得对探究过程的初步认识，掌握基本的研究方法，寻求问题答案。在这个阶段，教师将密切关注学生的活动情况，督促和激励学生开展多样的实践与探究活动，及时了解学生的状态和研究过程。在这个阶段要对学生进行方法指导，突出研究思路、研究方法的指导，学生由于受到年龄、知识经验、物质条件等限制，在探究活动中会遇到一些自身难以解决的困难，教师要随时关注学生的研究进展，了解学生在活动过程中遇到的困难，提供必要的支持与帮助，同时需要对小组合作探究进行指导，指导学生在活动中学会成立小组、学会彼此合作、学会相互交流、学会分工协作。

(一)考察探究

在制订好计划、做好实践活动的前期准备工作后，探究活动将随之展开。实践活动将以不同形式进行，同时会有多种方法支撑完成探究，如搜集整理资料、问卷调查、访谈、设计制作等，利用这些方法既可以单独完成一个环节，也可以配合完成一个探究问题。

在考察探究活动过程中，教师要指导学生客观记录参与活动的具体情况，也就是做好写实记录，养成及时记录整理的习惯。教师要渗透记录的方法和技巧，指导学生采用多种形式进行记录，如文字、绘画、表格、录音、影像等。学生也可以采用多种形式结合、多人配合记录的方式，使记录更全面，便于后期完善。在考察探究过程中，获取知识和经验、方法的习得是问题解决能力目标的重要内容，除此以外，活动中同伴的接纳、讨论交流、分工协助、责任承担都将影响活动的实施和效果，这些也是学生在考察探究中不断学习和提升的重要内容。

（二）创意设计

创意设计活动是一种重要的活动形式，是学生运用各种工具、工艺（包括信息技术）进行设计，并动手操作，将自己的创意、方案付诸现实，转化为物品的过程，如动漫制作、编程、陶艺创作、改进或设计一件物品、设计组织一项活动、设计或改进一个系统等，它注重提高学生的技术意识、工程思维、动手操作能力等。

创意设计的内容要来源于现实生活，以解决实际问题为目的。难易程度与学生已有的知识、技能、经验水平相适应。在这个环节中，学生要完成一些带有技术目标的任务，这其中包括设计方案和动手制作。在活动过程中，学生手脑并用，灵活掌握、融会贯通各类知识和技巧，提高操作水平、知识迁移水平，体验工匠精神等。强调学生在"动手做""实验""探究""设计""创作""反思"的过程中进行"体验""体悟""体认"，在全身心参与活动的过程中，发现、分析和解决问题，体验和感受生活，发展实践创新能力。

（三）成果物化

综合实践活动在实施过程中，也要重视结果，特别是学生发展的结果。但不用过于追求活动成果的精致化、规范化、学术化，不要将大量的时间、精力、物力用于活动成果的包装上。综合实践活动不仅要兼顾有形的结果，而且要突出无形的结果。学生在充分地参与、体验了活动过程以后，会水到渠成地产生活动的成果，这种成果可能优秀，也可能有瑕疵，但这都是学生能力的真实表现。更重要的是凝结在这些成果中学生知识视野、探究意识、理解能力、设计思路、实践能力、创新能力的发展。因此，对于活动的结果，教师要树立正确的评价观，客观地看待学生的活动，允许不足和失败，注重学生在活动中获得全方位的体验。

在成果物化阶段，学生应学会简单地表述解决问题的过程，能运用适当的方式展示自己的研究成果。培养学生初步的分析问题、解决问题的能力，发展学生创造性的思维品质。

教师在此阶段要指导学生选择合适的学习成果呈现方式，鼓励多种形式的学习成果呈现与交流。学生在实践操作中形成学习的意识，提高综合解决问题的能力；积极参与动手操作实践，熟练掌握多种操作技能，综合运用学习技能解决生活中的实际问题；初步掌握设计与制作的基本技能，学会综合运用信息技术与学科知识，设计制作多种多样创意作品；增强创意设计、动手操作和物化能力，服务于学习和生活。在成果物化阶段，注重学生隐性成果的培养，即学生在活动过程中的情感体验和意志品质、技能技巧、过程方法等方面的收获，以及能力的发展与进步。

最终学生的研究成果又作用于社区服务。这样较好地把研究性学习与社区服务和社会实践结合起来，使得三类活动成为一个有机的整体，突出了活动内容的综合性，达成了综合实践活动的总体发展目标。

三、活动汇报阶段

在主题探究活动结束时，需要学生对活动过程进行总结，把自己的研究成果展示给大家，把自己的体验和收获与同学交流，达到共同分享、互相学习、互相促进的目的。在这一阶段交流的内容包括学生研究的成果、研究的过程与方法以及活动体验和感受。在交流前，教师组织学生进行组内交流，分类整理资料，确定展示交流方式，做好小组分工。充分准备后，教师组织全班学生进行展示，指导学生应用研究成果服务社会，在小组进行成果社会实践后汇总各方评价，组织学生进行全面的总结与反思，指导学生对自己参与研究活动过程中的表现进行总结和反思，对研究结果、结论进行反思和修改。

（一）筹划汇报

经过一系列的探究活动，学生在探究过程中获得了直接的学习经验，对所探究内容有了新的认识、新的结论，形成了具有一定意义的探究成果。学生如何通过适当的形式，把自己的体验和收获与同学交流，在一定范围内汇报、展示探究成果，是总结交流阶段面临的一个重要问题。为达到共同分享、互相学习、互相促进的目的，需要学生对汇报展示有一个系统的筹划。

筹划汇报首先要明确内容，学生要通过讨论确定具体内容，像探究成果、探究过程与方法以及体验和感受等应该是汇报内容的主线。在对探究过程的总结中，各种原始记录材料将是对过程的有效支撑，更能说明问题。这些材料大致可以分为几种类型，文字类、实物类、音像类，以及隐形成果，如学生在探究过程中掌握的方法、习得的技能、获得的经验等。如何去组织内容及材料，需要学生做详细的规划设计，这也是锻炼、提升学生规划能力的一个重要环节。教师在这个环节的指导中要侧重对学生活动过程总结的指导，使学生逐步认识探究过程的重要性，具体指导时可以分为几个环节进行。

第一，小组内的交流讨论，以确定汇报内容。在实践探究中，一般是以小组的形式进行的，所以，在进行准备工作时，教师首先要给予学生一定的时间，让学生在小组内交流自己的探究过程和探究结果，指导学生客观看待意见不统一，并进行讨论，初步达成共识。除此以外，鼓励、指导学生讲述自己探究过程中的细节，如一些故事、遇到的困难、如何群策群力解决问题的经历、体验、感受和方法，这也是汇报交流中很重要的内容，有很强的实践意义。

第二，分类整理资料。在探究实践的实施阶段就有整理资料的过程，但是这一环节与实施阶段的整理资料不同。这个环节的整理资料实际上是梳理探究过程，为汇报做准备。大部分资料都是过程的生成资料，整理过程中更强调厘清资料的顺序，然后对这些内容进行筛选、处理、加工。对于初期阶段，教师可以提供相应的方法，先让学生围绕课题选择最有价值的内容，然后进行排序统计，使汇报的内容更有条理。教师也可以公布汇报流程，学生根据汇报流程做整理工作，汇报思路也会更清晰，过程汇报会更详尽，具体内容也会更加丰富。

第三，确定汇报的形式。综合实践活动成果的丰富性和多样性决定了汇报交流的方式应该是多种多样的。教师可以通过不同方式做一个活动的整体回顾，结合回顾内容组织学生说说探究中获得的成果，讨论汇报成果，通过点拨，共同总结归纳出汇报交流的可选形式，如文字展示、图片展示、模型标本展示、多媒体展示、实验演示、表演、知识竞赛、辩论会、办展览、编刊物、经验交流会等。

第四，小组分工，准备汇报。学生确定了汇报的内容和展示形式后，还需要进行小组分工，对自己要汇报的内容进行加工、理解、内化，用生动、鲜活、浅显易懂的语言描述研究过程和成果。教师要及时了解学生的情况，看看学生是否能够用自己的语言进行表达，在方法技巧上有什么问题，并给予恰当的指导。教师还可以专门组织汇报交流指导课，让学生掌握展示交流的要求，学会交流。

汇报效果受筹划和前期具体准备工作的影响，从环节到方法，再细化到内容都需要做全面的考虑，教师的指导要以达到共同分享、互相学习、互相促进的目标为依据，避免单一探究成果汇报现象。

(二)展示分享

在主题探究活动结束或告一段落时,学生要对活动过程进行总结,把自己的研究成果展示给大家,把自己的体验和收获与同学进行交流,达到共同分享、互相学习、互相促进的目的。

学生展示的内容是多方面的,包括学生研究的成果、研究的过程与方法以及在活动中的体验和感受。学生完成交流准备,展示交流的效果如何,很大程度上取决于活动前的准备是否充分。成果的丰富性和多样性决定了展示交流的形式应该是多种多样的。为了拓展学生的思路,可以使用多种方法,如"让学生回顾自己以往的展示交流活动,说一说在研究中都获得过哪些成果,曾经运用过哪些展示形式,效果如何"。师生共同总结归纳出展示分享的基本形式。学生根据本组展示的具体内容从中选择最恰当的呈现形式,做到动静有机结合,图文与实物并茂,强调交流的形式是为内容服务的。在确定了汇报的内容和展示形式后,还要进行组内的细致分工,并对组内要汇报的内容进行加工、理解、内化。

在学生做好充分准备以后,进入正式的展示分享环节,不同的活动主题,在展示交流中会有不同的特点,学生学会欣赏,学会吸纳,学会赞美,正确地看待研究结果。在展示分享中,学生获得成功的感受,增强总结归纳能力、合作研究能力、语言表达能力和富有个性的表现力。

(三)评价交流

评价交流阶段既注重团体成就,又尊重学生的个体差异。一方面,注重团体成就,全面评价在一个活动主题下,大家共同努力所取得的成果,倡导合作精神。另一方面,尊重学生的个体差异,以多元化的评价指标突出学生的个性和长处,让学生能通过评价看到自己与他人的差异,感受到同学、教师的承认与尊重。同时引导学生更多地关注自己所取得的进步,淡化自己与他人的比较和竞争,让学生更积极地看待自己的评价结果,既看到成绩,也看到努力的方向。评价方式一般可采取

"五结合"的形式：教师的评价与学生的自评、互评相结合；小组的评价与对组内个人的评价相结合；日常观察、书面材料与成果展示相结合；口头评价与文字评价相结合；定性评价与定量评价相结合，以定性评价为主要形式。

在评价交流阶段，综合实践活动多以小组的形式开展，小组同学在分工合作的过程中，彼此对个人的表现了解更多。同学互评有两种情况：一种是对单个同学的评价，可以是同桌之间，或者一个小组内的成员相互之间一对一地或者一对多地进行评价；另一种是对小组进行评价，可以是本组成员对组内整体的活动情况或者个别同学的表现进行评价，也可以是本组成员对其他小组和小组成员进行评价。学生应了解评价的基本方法，能对自己的表现进行反思，虚心听取他人意见，明确努力方向，树立进取精神，要具有基本的自我反省能力，能够正确地评价自己与他人，养成分享、进取等良好的个性品质。

（四）社会实践

社会实践是指学生在教师的指导下，带着自己的研究成果走出教室，参与到社区和社会实践活动中，以获得直接经验、发展实践能力、增强社会责任感。在社会实践中更为注重让学生开阔眼界，初步获得社会经验与能力；学会交往与合作，遵守社会规范与公德；热心公益活动，关心他人与社会；关爱自然，逐步形成保护环境的意识和能力；珍视生命，陶冶性情，热爱生活；初步了解自我，发展兴趣，展示才能。

（五）总结反思

对完结的主题活动进行总结反思有助于学生个性特长的培养与发展，可以帮助学生了解目标在活动过程中有多大程度的实现，从而克服目标不能在活动过程中得到验证和通过最终结果去验证活动质量周期过长的缺陷。根据综合实践活动课程的性质与特点，在总结与反思时，应重参与、重过程，强调学生主体的多元性、内容的综合性和过程性、标准的合理性，要注重学生亲身参与和学生全员参与，要以学生自主发展为出发点进行反思，使学生的主体地位在教师的指导下，得到实实在在的落实。从一定意义上说，学生既是实践活动的参加者，又是实践活动的设计者和创造者，学生对自己的实践活动具有第一发言权。因此，学生的自主总结与反思是具有决定意义的。让学生学会积极、科学地自我评价与反思，应当成为综合实践活动课程实施的基本任务之一。同时，鼓励学生发挥自己的个性特长，施展自己的才能，激励学生积极进取，勤于实践，勇于创新，不断促进学习能力的发展，对学生的每一点进步都要给予及时的肯定。

我们依托探究学习、项目学习，建立了具有芳草特色的三阶段十一步教学法，它对于授课教师具有基础的指导意义。每一位教师，在项目学习的教学中，依据清晰的教学活动流程和阶段及对应的学生活动，有效实施，让我们的项目课程实施更清晰、准确、便捷。

第四节　课程实施的两个典型案例

一、"红领巾的红军行"课程设置

(一)课程目标

1. 总体目标

通过开展学科综合实践活动引导学生会学善用、充满好奇，拓展学生思维空间，提高学生综合思维能力、创造能力，提升学生自主探究能力和自信表达能力。

通过开展远足活动促进学生锻炼体魄、增强体质，磨炼学生意志力。

通过开展学习活动发展学生的爱国意识，激发学生强烈的爱国热情。

2. 具体目标

结合课程总体目标，基于学生核心素养的发展要求，授课教师在课前调研、查阅资料并遵循课程资源整合的原则上，对教学内容进行具体设计、确定具体目标（表4-1）。

表4-1 "以科学的视角看红军行"课程具体目标

课程名称	相关学科	课程内容	核心素养	具体目标
以科学的视角看红军行	科学	绘制路线图	乐学善用 理性思维	通过辨认方向，标记建筑，绘制路线（掌握方法、理性务实）
	数学	计算路程	信息意识 问题解决	通过理解比例尺，计算实际距离，解决实际问题（信息意识、严谨求知）
	综合实践	红军行对远行活动的帮助	问题解决 乐学善用	通过参与活动，体会测绘的重要作用，提高沟通联系能力（自主学习、提出问题、解决问题）

（二）课程内容

"红领巾的红军行"学科综合实践活动关注学生的发展，尊重儿童的发展规律，保护每个学生的个性，开发每个学生的潜能，整合语文、数学、科学、体育、美术、品德与社会、音乐、劳技、综合实践活动等多学科内容，以研究性学习为实施途径，通过不同学科内容的组合，开发了"走向国旗升起的地方——'红领巾的红军行'"徒步远足活动及"历'泸关'险忆红军魂""连环画创作之长征故事""一曲红歌，一种传承""以科学的视角看红军行""诗咏长征，歌咏长征"等模块的课程内容。通过开展主题式学习整合课程资源，落实"整体育人"新课程改革理念，课堂教学通过科学实验、连环画创作、编制草鞋、绘制线路图、创编诗歌、撰写调查报告等活动增强学生情感体验，提升学生研究力，重视发展学生核心素养，带动学生综合能力的全面发展，落实推进课程改革进程。

(三)课程重点及难点

1. 课程重点

通过创设情境、小组合作、展示交流、科学实验等学习活动感受长征行程的艰险，体会红军不畏艰险、勇往直前、团结互助、舍生忘死的长征精神，树立长征精神世代相传的意识，培养爱国意识、国防意识，增强学生对祖国的认同感。

2. 课程难点

通过学习活动学会观察事物，设计实验，综合运用知识技能。体验并初步学会调查研究与访问、实验研究与观察、技术设计与制作、社会参与服务、信息收集与处理等多种实践学习方式。发展学生搜集处理信息的能力、自主获取知识的能力、分析与解决问题的能力、表达与交流的能力。

(四)课程实施与评价

1. 课程组织序列化

"红领巾的红军行"学科综合实践活动采取多阶段学习授课方式展开实施：第一阶段，教师召开筹备会，进行活动组织方案、教学方案研讨，召开专题教育推介会，组织学生选题；第二阶段，根据学生自主选择情况开展课前实验、资料查询等相关学习；第三阶段，组织学生带着研究主题及问题参加徒步远足活动；第四阶段，组织各个学习主题的师生开展相关主题学习活动，组织引导学生进行课后拓展与延伸性学习。

2. 课程内容丰富化

围绕课程总体目标，各学科从学科内部、学科拓展、跨学科整合的角度，开发出了一系列教学资源，这些资源既可以单独使用，也可以组合成不同的教学模块供教师灵活选择。

3. 课程实施多样化

本课程内容在教师的授课方式和学生的学习方式上较以往有了较大的突破，教师采用长短课、双师同堂、学科整合等课程实施方式，学生采用实践活动、走班选修、研究性学习等学习方式(表 4-2)。

表 4-2 "红领巾的红军行"学科综合实践活动课程实施方式及学习方式

课程内容	实施方式						学习方式		
^	学科整合	授课教师	长短课			走班选修	实践活动	研究性学习	
^	^	^	短课(20分钟)	中课(40分钟)	长课(80分钟)	^	^	^	
模块一：历"泸关"险忆红军魂	语文	林慧	推介会自主选题	课前实验亲身体会	分析文本探究原理	根据兴趣自主选题组建班级	模拟实验红军行远足活动	小组合作学习	
^	科学	杨旭	^	^	^	^	^	压力、压强科学实验	
模块二：连环画创作之长征故事	品德与社会	任杰	推介会自主选题	自由分组确定主题制定方案	交流讨论创作画册	根据兴趣自主选题组建班级	小组合作搜集资料红军行远足活动	小组合作查找资料交流汇报	
^	美术	周莹	^	^	^	^	^	创作连环画、汇编成册	
模块三：一曲红歌，一种传承	语文	吴冠霏	推介会自主选题	布置任务自由分组查找相关歌曲	鉴赏歌词试唱歌曲创编草鞋	根据兴趣自主选题组建班级	小组合作搜集资料红军行远足活动创编试穿草鞋	配乐朗诵	
^	音乐	朱昱	^	^	^	^	^	欣赏练习歌曲	
^	劳技	刘爽	^	^	^	^	^	创编草鞋交流展示	

续表

课程内容	实施方式					学习方式		
	学科整合	授课教师	长短课			走班选修	实践活动	研究性学习
			短课(20分钟)	中课(40分钟)	长课(80分钟)			
模块四 以科学的视角看红军行	科学	王雪莱	推介会 自主选题	自由分组 明确主题 制订计划	绘制路线 计算路程 研讨调整 远足活动 方案	根据兴趣 自主选题 组建班级	红军行远足活动 记录路线图 记录消耗热量	绘制路线图
	数学	张洁炜						小组合作学习比例尺的意义
	综合实践	赵红志						研究远足活动的注意事项
模块五 诗咏长征，歌咏长征	语文	马悦	推介会 自主选题	布置任务 自由分组	分析文本 创作诗歌 演唱歌曲 抒发情感	根据兴趣 自主选题 组建班级	小组合作 搜集资料 红军行远足活动	小组合作 查找资料 交流汇报 创编诗歌
	音乐	张凤国						欣赏练习歌曲
模块六 光影芳草之红军行	数学	张海媛	推介会 自主选题	自由分组 明确主题 制订计划	研讨调研 报告 拍摄微电影	根据兴趣 自主选题 组建班级	红军行远足活动 拍摄微电影	小组合作 开展调研
	综合实践	焦石						创作微电影

4. 课程评价多元化

结合芳草"知行课堂评价表"形成较为完善的课堂评价量表。

(1)教学内容评价

参照教学设计目标及教学重难点，教师针对课堂教学开展情况对学生的学习情况及学习效果进行评价，同时针对每个小组的学习情况及学习成果展示进行小组评价。例如，在"连环画创作之长征故事"教学过程中，教师根据学生课堂创作连环画的情况，对学生的作品进行了整理，汇编成两本连环画：《雪山上的小太阳》和《一袋干粮》。

(2) 学生自我评价

引导学生从参与活动的态度与参与活动的深度方面进行自我评价，学生能提出有意义的问题或者发表个人见解，能进行正确的操作、实验，能倾听别人的意见观点，能与他人合作。重视学生在课程参与过程中的多种收获与体验、多种能力与品质的提高。

(3) 其他形式的多元评价

课程实施过程中同时采用同伴互评、个别评价与集体评价、形成性评价与总结性评价相结合等多种形式掌握学生在主题课程中所获得的体验情况。例如，在"一曲红歌，一种传承"教学过程中采用了档案袋评价。每个小组都有一个专用档案袋，针对每一次学习成果都建立了完整的信息收集系统，如活动反思、活动计划、学习成果收集、各种原始材料、学习体会等，共同形成每个小组和学生的学习档案。通过对资料的分析，教师就能够对小组的学习情况和取得的成绩进行实时评价，为课程指导奠定基础。

(五) 课程实施效果

1. 促进了学生的实际获得

在"红领巾的红军行"学科综合实践活动中，学生通过"长征"主题连环画的创作、动手编草鞋、绘制线路图、设计模拟过"铁索桥"的实验等形式多样的学习方式，极大地提高了学习兴趣和课堂参与度。

学生亲身经历远足活动、参与一系列研究性学习活动，锻炼了体魄、磨炼了意志，亲身体会红军不畏艰险勇往直前、团结互助的长征精神。一位学生谈道："这次活动我感受到了长征精神，培养了爱祖国的感情，我更加珍惜今天的幸福生活，更加勤奋地学习，更加快乐地生活！"

课程在开展过程中，尝试多种评价方式，开展教师、家长、社区工作者互动评价以及学生自我评价，促进学生的实际获得，达到教育效果最大化。

2. 提升了教师的课程能力

课程开发采用学科整合、多位教师共同授课的模式，突破学科界限，不同学科的教师共同备课，加强合作、沟通、团队合作，在课程设置上给学生呈现更为完整的教学资源，更加贴近学生生活实际，有利于学生用综合思维解决实际问题。有了成功经验的积累，我们的教师团队能够继续努力，逐步实现由单一学科教师教学转变为教师团队合作，构建以学生为中心的课程体系。

3. 带动了学校的课程建设

通过开展"红领巾的红军行"学科综合实践活动课程教学，我们形成了一种认识，梳理一切可以利用的资源转化成学生学习的资源，进而丰富学校课程实施内容；探寻了一种做法，拓宽课程实施的途径与方法，为六大主题课程的实施与评价提供了思路与借鉴；获得了一种感受，菜单式选择、模块化实施，有利于建立丰富化、多样化和灵活化的课程体系，满足学生个性化的学习需求。

(六)课程实施特色

"红领巾的红军行"学科综合实践活动做到了从课程整体构建到课堂的真实发生，把课程改革的"从实际发生到实际获得"理念真正落到实处。课程以爱国主义教育为核心，学生亲身体验了"长征"的过程，又根据自己的兴趣爱好参加了不同主题下的研究性学习活动，切实感受到了长征精神，激发了爱国主义情怀。课程的研发与实施具有以下特色。

1. 打破学科壁垒，实现多学科融合

基于课程改革整体育人的理念与学生核心素养的发展要求，授课教师遵循资源整合的原则，结合基础教育专题教育教材中的国防教育内容，以及学校"红军行"传统德育实践活动，对教学内容进行了综合性设计，学生的学习过程更加完整。

2. 尊重学生差异，实现个性化教学

学生根据兴趣爱好自主选课，通过课前活动、查阅资料、参加社会实践活动、课堂研讨等多个环节开展研究性学习，对自己感兴趣的问题进行了进一步的研究，并且得出了初步的研究成果，课程的设计与实施尊重了学生的差异，实现个性化学习。

3. 变革评价方式，实现学生多元发展

在学习过程中尝试多种评价方式，开展教师评价、家长、社区工作者互动评价及学生自我评价的多种评价，力求站在更全面的角度客观地评价学生的实际参与和实际获得，让每一个学生都得到个性化评价，促进学生全面、多元、健康发展。

二、"一带一路"课程设置

随着国家"一带一路"倡议的提出与实施，芳草地国际学校依据学校的育人目标开发了芳草课程之"一带一路"系列课程，引导学生认识"国际视野"，让学生从小就参与进来，通过"一带一路"课程的学习，为建立利益共同体、责任共同体、命运共同体储备知识、锤炼能力、开阔胸襟。芳草地国际学校"一带一路"课程探索实现了中西教育的融合，有效处理了分科教学与学科整合的关系，有效落实了课程计划，推进了学科的综合实践活动。

（一）课程目标

以育人目标为指向，有效落实学校课程，提升课程设置的适切性。

基于主题学习，把生活与实践融入课堂，鼓励学生用学科做事情。

讲好中国故事，弘扬中国文化，展示中国形象，培养民族自豪感。

践行国际理解，树立共建、共享的理念，形成理解、尊重、包容的态度。

（二）课程内容

"一带一路"课程本身就是地球主题探索的重要内容，其突出与"一带一路"相关的内容，注重与每一个领域巧妙联系，形成了一系列主题课程(表 4-3)。课程以一个话题为中心进行延伸，这个话题始终贯穿主题活动的始终。小的活动构成一个小主题，几个小主题就构成最后的大主题，系统性强，又贴近生活，方式灵活，利于参与，注重实效(表 4-4、表 4-5)。

表 4-3 "一带一路"课程结构

主题	课程名称	课例
我爱芳草地	地球仪上的一带一路	地球仪上连条线
	芳草汉语	芳芳菲菲游汉字乐园
	……	……
可爱的故乡	从这里出发	丝路起点
	远方的家	我来自"一带一路"
	……	……
美丽的中国	穿越时空的贸易	China！青花！
	科学与文化	南海遗珍话千古
	……	……
多彩的世界	节节有礼	中秋月话
	国家周	俄罗斯周
	……	……
我想去那里	感受自然体验人生	童话之旅
	亲身实践合作分享	明信片中的"新丝路"
	……	……
唯一的地球	陆上丝绸之路	沙漠驼铃
	海上丝绸之路	郑和远航展国力
	……	……

构建中西融合的芳草课程

北京市朝阳区芳草地国际学校邀游计划成果

表 4-4 "一带一路"系列课程之"穿越时空的贸易"课程流程

课程	具体目标	课程环节
穿越时空的贸易	了解货币的特点及货币的发展史,能够利用工具分辨现代钱币真伪,学习其中的科技应用。 体验交易过程,了解汇兑相关知识,掌握汇率换算,体会各国经济现状的不同。形成自主收集信息和整理信息的能力,并能够对感兴趣的问题通过多种方式进行深入探究——了解中国、俄罗斯、印度、阿联酋四国风土人情特点以及丝绸之路与"一带一路"	**第1课时**:搜集资料,了解四国文化,制作扑克牌,准备不同形式汇报 **第2课时**: - 分组汇报四国文化及特色物 → 汇报、为交易而宣传 - 第一次交易(以物易物) - 第二次交易(货币交易失败) → 货币产生,感受纸币特点 - 第三次交易(货币交易成功) → 利用汇率计算进行交易 - 理解"一带一路"对国际经济文化的交流发展作用。感受国家之间文化经济的融合与共同繁荣 **第3课时**:参观中国钱币博物馆、古代钱币博物馆,完成学习单

表 4-5 "一带一路"系列课程之"南海遗珍话千古"课程流程

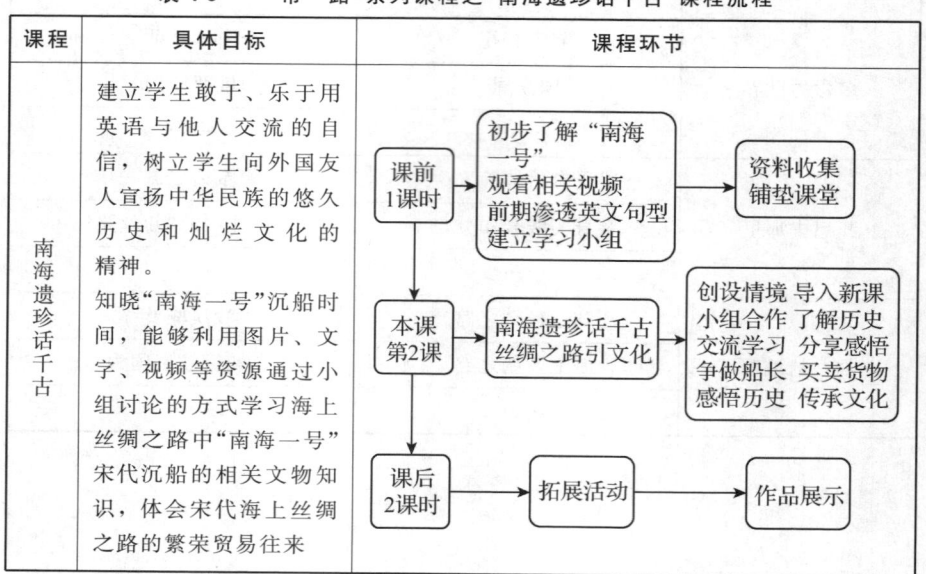

课程	具体目标	课程环节
南海遗珍话千古	建立学生敢于、乐于用英语与他人交流的自信,树立学生向外国友人宣扬中华民族的悠久历史和灿烂文化的精神。 知晓"南海一号"沉船时间,能够利用图片、文字、视频等资源通过小组讨论的方式学习海上丝绸之路中"南海一号"宋代沉船的相关文物知识,体会宋代海上丝绸之路的繁荣贸易往来	**课前1课时** → 初步了解"南海一号"观看相关视频 前期渗透英文句型 建立学习小组 → 资料收集 铺垫课堂 **本课第2课** → 南海遗珍话千古 丝绸之路引文化 → 创设情境 导入新课 / 小组合作 了解历史 / 交流学习 分享感悟 / 争做船长 买卖货物 / 感悟历史 传承文化 **课后2课时** → 拓展活动 → 作品展示

在主题设置中，我们还有两项非常有特色的课程。

其一，"从这里走向世界——芳草学子游学"课程。此课程为学生提供了更多的机会，提高学生对外交往能力和自理自立的能力，让他们在实践体验中感受不同的文化价值，了解异国文化，学会适应、接纳、沟通；同时，在此项活动的过程中，全体师生通过交流，把源远流长的中国文化传播给国际友人，让他们感受中国文化的博大精深。

其二，芳草汉语课程。芳草汉语课程是随着芳草地国际学校的发展而逐步形成的具有芳草特色的为外籍学生学习汉语言所开设的课程。包括"一带一路"沿线23个国家的学生在这里学习汉语，同时了解中国、了解世界、了解多元文化，成为真正的友谊小使者。另外，芳草地国际学校是对外汉语推广基地，肩负着世界各国、各地区对外汉语教师教学交流与实践的任务，来自印度尼西亚、马来西亚、菲律宾、新加坡、泰国等国家的对外汉语代表团多次来芳草地国际学校交流、访问。他们亲身见证了芳草汉语教育的成果。

(三)课程实施

1. 课程实施的步骤

"一带一路"课程实施分为三个阶段。

第一阶段(课前)：感知了解。布置任务，引导学生查找资料，对自己感兴趣的模块进行学习，探究"一带一路"的巨大成就。

第二阶段(课中)：深入探究，由教师带领学生分小组展开深入探究。

第三阶段(课后)：拓展提升，课程展示和交流。

例如，"丝路青花蕴芳草""重返丝路"这两课针对学情分为了三个阶段(图4-2、图4-3)。

构建中西融合的芳草课程

北京市朝阳区芳草地国际学校邀游计划成果

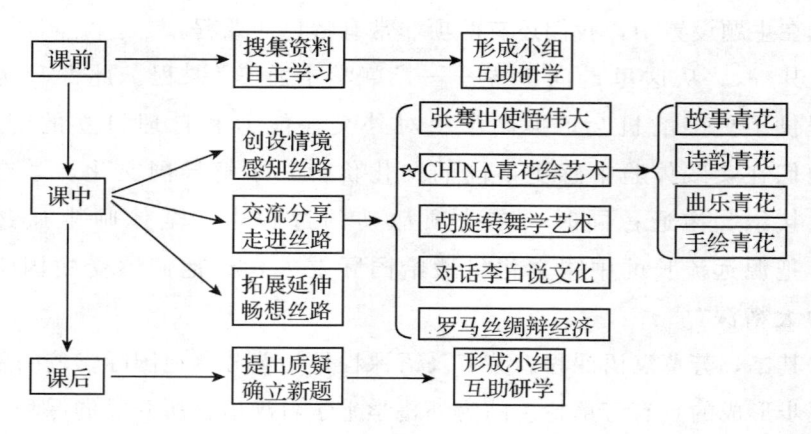

图 4-2 "丝路青花蕴芳草"课程流程示意图

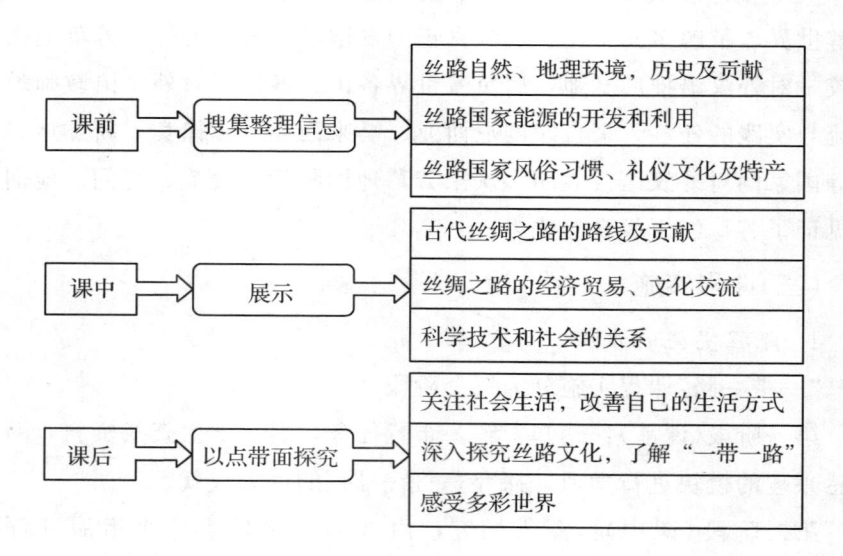

图 4-3 "重返丝路"课程流程示意图

2. 课程实施的策略

"一带一路"课程在实施的过程中，关注知行合一，注意实现四个结合：学科之间相结合、学习与实践相结合、学校与家庭相结合、线上线下相结合。

(1)学科之间相结合

以往各学科都是各自为战,各管一段,缺乏统一性,学生的精力被不同的学科零散牵扯,难免应接不暇。为了摆脱这一弊病,"一带一路"系列课程进行学科整合,选择相应的主题,在同一时间内针对不同学科的学习特点共同开展对同一主题内容的学习,我们称为"主题式学习"方式。主题的选择原则是"三贴近":贴近教材、贴近学校整体文化、贴近学生生活。例如,融合语文、美术、艺术,设计"衣路风情"主题课程。具体而言,是将语文的汉字教学与"丝绸""丝绸之路"的文化教学结合,通过字理溯源、创设情境、服饰走秀、资料介绍、绘画设计等方式有机结合,学生在轻松的活动中感受文化,学习知识,培养审美,受到教育。这有别于单一学科教学的模式化,避免单一说教、灌输,将听音乐、服装展示、知识介绍、绘画设计贯穿整个课堂,轻松而充实,很好地吸引了学生的注意力,达到有效教学的效果。

"一带一路"系列课程中的主题课程会涉及2~3个领域。例如,"丝路纸道"涉及科技和语言领域;"南海遗珍话千古"涉及道德和语言领域,通过学科课程整合,在品德与社会课堂上使学生在初步了解"南海一号"沉船事件的基础上,小组合作探究沉船相关文物知识,学生更深一步了解我国历史文化的辉煌,感受中华民族在整个历史进程中对世界文明的重大贡献,并通过对英语课程的学习,学会用合适的语言与世界沟通;"礼之邦,乐之韵""丝路商贾"涉及道德和艺术领域;"明信片中的'新丝路'"涉及语言和艺术领域等。

(2)学习与实践相结合

"一带一路"课程不仅仅在课堂中实施,更重要的是鼓励学生积极地实践,实践的形式主要有以下几种。

一是主题式学习。学校利用国际部的学生及家长资源,以文化周的方式展示"一带一路"上的各个国家,目前已经开展的有中国文化周、日本文化周、俄罗斯文化周、印尼文化周等主题活动。活动由相关国家家长联合会协助学校组织,一周内,学生通过观看国家展品、参与各项活动来体验世界文化。例如，俄罗斯文化周，国际部四层楼道全部布置了俄罗斯风格的壁画、展品，大厅还有视频音乐供师生观赏，家长联合会组织所有学生做俄罗斯美食、参加俄罗斯游戏等，全方位了解俄罗斯这个国家。

二是游学体验。2016年5月，国际部来自伊朗、越南、新加坡、匈牙利等国家的学生和学生家长来到贵阳分校进行文化游学。他们与当地学生一起活动，体验贵州文化，如在遵义会议纪念馆一起听教师讲解伟人事迹，学习贵州方言，跳竹竿舞，吃贵阳小吃"丝娃娃"，学做蜡染等，每个国家的学生向当地学生介绍自己的国家，互相交换小礼物，通过实践体验感受世界文化的异同。

(3)学校与家庭相结合

在实施"一带一路"的课程中，学校国际部有20余个"一带一路"沿线国家的37个学生和学生家长参与其中。他们用不同语言、不同形式展示自己国家独特的文化，介绍自己国家的国旗，介绍各种工艺品，同时生生合作、家长和学生合作进行才艺表演，无不透露出学生对自己国家的热爱。国际部是一个多元文化汇聚的地方，芳草之"一带一路"课程，为学生和家长提供了一个很好的展示舞台、交流舞台。每个国家一个展位，展位上摆放着各种工艺品，展台后的易拉宝上有自己国家的国徽、著名景点的介绍，同时还有学生亲自绘制的手抄报，易拉宝旁还放着本国国旗，这一方天地，就是学生对"最美国度"的理解。在课程实施过程中，学生积极参与，热心介绍，不仅语言能力得到了提升，还在活动中培养了合作精神。学生不仅了解了自己的国家，还知道了很多别国文化。家长全程参与其中，真正体现了家校携手、共营共赢的育人理念。

(4)线上线下相结合

传统的教育，师生只能在固定的时间、地点上课，而互联时代，教育更加开放、透明、共享，线上线下相结合是重要特征。"互联网+"在"一带一路"上大有可为，作用于"教育的一带一路"，同样如此。为此我们研究了三阶段十一步法(图4-4),收到了很好的教学效果。

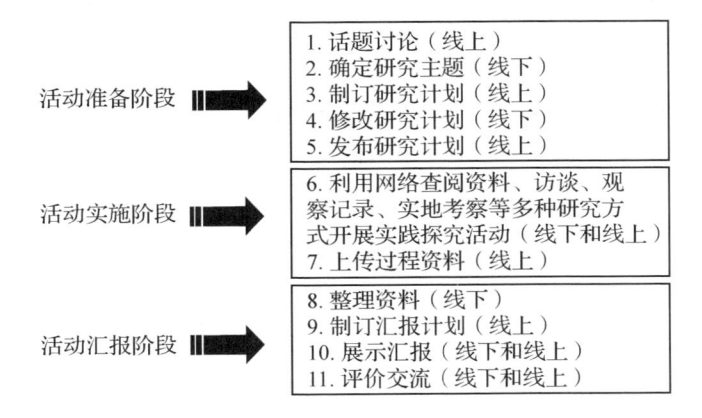

```
活动准备阶段  ➡  1. 话题讨论（线上）
                2. 确定研究主题（线下）
                3. 制订研究计划（线上）
                4. 修改研究计划（线下）
                5. 发布研究计划（线上）

活动实施阶段  ➡  6. 利用网络查阅资料、访谈、观
                察记录、实地考察等多种研究方
                式开展实践探究活动（线下和线上）
                7. 上传过程资料（线上）

活动汇报阶段  ➡  8. 整理资料（线下）
                9. 制订汇报计划（线上）
                10. 展示汇报（线下和线上）
                11. 评价交流（线下和线上）
```

图 4-4 "一带一路"课程线上线下结合示意图

(五)课程评价

评价方式的多元化是"一带一路"课程的特色。在评价主体上,改变由教师作为单一评价主体的做法,重视评价主体间的多向选择、沟通和协商,加强学生自评、互评,教师评价和其他人员交互评价相结合的方式。评价人员要根据评价内容来确定,可以是任课教师、科代表、小组学生、实验员,以及辅导教师、家长等。

在评价内容方面,学生的成果是多种多样的,如美术学科的绘本创作,音乐学科的乐器演奏,体育学科的泰拳表演,综合实践学科的计算机模型设计、摄影技术等,不仅关注结果,更注重对学生的过程性评价,注重学生创新精神和实践能力的发展,以及良好的心理素质、学习兴趣与积极情感体验等方面的发展。帮助学生发挥潜能,建立自尊、自信、自强且持续发展的心理状态,充分调动学生的学习积极性。

(六)课程实施效果及特色

1. 从实际发生到实际获得,学生核心素养培养得到落实

2020年义务教育均衡发展的总体目标是关注学生的实际获得。让不同类型的学生得到同等发展的机会,是后均衡发展时期的重要目标。

构建中西融合的芳草课程
北京市朝阳区芳草地国际学校邀游计划成果

供给端转型升级，提高教育供给端的质量、效率和创新性，使其更贴近学生的消费需求和消费习惯，做到既能满足学生个性发展的需要，又能对准未来社会的需求。

"一带一路"课程集中凸显的是对学生理性思维、批判质疑、勇于探究等核心素养的培养。以"海上丝绸之路，经济共荣之路"为例，学生有如下获得。

(1)关注课前引导，实现自主探究

学生通过课前查找资料，并汇报课前所查找的相关资料，补充了解"一带一路"和东南亚国家的相关知识。通过阅读"2014年中国对东盟主要国家的出口水平饼状图"与"2015年度第一季度国产手机在东南亚的销售总量饼状图"，教师帮助学生学会正确使用非连续性文本，并能够通过对于非连续性文本的阅读表达自己的所思、所想、所感。

(2)关注社会发展，增强责任意识

教师帮助学生了解"一带一路"的内容，同时深化理解"21世纪海上丝绸之路"。通过"中国的国产品牌手机在东盟国家热销"等资料的引入，增进学生对东南亚国家、中国与东盟国家之间的经济关系等问题的了解，加强学生对时事的关注度，进而提升他们的民族自信心和自豪感。同时，也要让学生感受到彼此友好往来、和平相处的必要，一定形成良好的发展链、利益链，最终使"一带一路"沿线国家的人们共同发展、共同进步，实现双赢，共同促进人类的文明进步、文化交流与经济发展。

(3)关注学生体验，注重能力发展

有效提高学生的语言表达能力、实践能力和实践意识，使他们感受到"一带一路"的最终意义是促进各国的共同繁荣，实现沿线各国共赢。

2. 实现了由校本课程到本校课程的转变

校本课程，即以学校为本位、由学校自己确定的课程，它与国家课程、地方课程相对应。2001年以来，随着课程改革的深入，校本课程进入教育者视野，并蓬勃发展。成绩多多，但也存在隐忧：谈课程改革，必谈三级课程，谈三级课程，必谈校本课程，把课程改革等同于校本课程开发。实际操作过程中，校本课程一家独大，投入精力过多，对国家课程重视不够。这是很危险的。

本校课程强调具体化，注重实践，追求情境化、特殊化，将一般的课程规定层层具体化，具体体现国家精神与地方课程要求，最终化为学校层面具体的课程产品，并置身于师生教与学互动的第一现场，体现出学校有效处理国家、地方课程的一种积极的态度与行动方式，反映出学校对学校以外各级课程要求的执行、调试与创生。芳草地国际学校以国家课程校本化实施为主要思路，将所有的课程变为本校课程。而"一带一路"课程的开展使每个班级都有自己独特的课程，每个教师都可以主动研发课程，促进学生全面而有个性发展。

3. 有效处理了分科教学与学科整合的关系

分科课程具有以下优点：第一，有助于突出教学的逻辑性和连续性，它是学生简捷有效地获取学科系统知识的重要途径；第二，有助于体现教学的专业性、学术性和结构性，从而有效地促进学科人才的培养；第三，有助于组织教学与评价，便于提高教学效率。而学科整合课程，意在整合各学科知识，以减少课程内容的重叠与分化，彰显知识、技能与生活世界的联系及其价值。处理好二者之间的关系，既要把握学科本质，又要兼顾学科和生活世界的联系。"一带一路"课程正是以某个学科为主、其他学科为辅，打破学科壁垒，凸显了整体育人的功能。

《基础教育课程改革纲要（试行）》明确要求"改变课程结构过于强调学科本位、科目过多和缺乏整合的现状"，这就要求教师要打破学科本位的思想，站在促进学生全面发展的高度上，关注各个学科。"一带一路"系列课程的开发与实施，就是教师树立起以学生发展为本的学科整合教学意识。"一带一路"系列课程，将平时的学科教学整合在一起，进行主题性教学，使教学的内容得到更大的精简和优化，各学科之间相互促进，相互影响，学生的能力得到极大的锻炼，负担相对减轻。

4. 有效落实课程计划，完成学科综合实践10%

落实北京市"中小学校各学科平均应有不低于10%的课时用于开展

构建中西融合的芳草课程

北京市朝阳区芳草地国际学校遨游计划成果

校内外综合实践活动课程"的规定，充分探索多学科融合、跨学科教学途径与方式的研究，切实培养学生的综合能力、综合素养、核心价值观。通过这一系列课程的完成，我们感受到：单一学科教学不能全面地让学生体验到各国之间的交流在文化和经济上起到的作用。教师的专业领域是有局限性的，但学生获取知识的需求，不能因为教师知识局限而不被满足。学生遇到困难时，采取学科整合的办法，马上有专业教师指导解决，这才是真正的学生视角，做到以学生为主体。

第五章

量表中的芳草课程评价

第五章　量表中的芳草课程评价

教学评价是依据教学目标对教学过程及结果进行价值判断并为教学决策服务的活动，是对教学工作质量所做的测量、分析和评定。芳草课程七大领域学生素养培养评价量表的开发基于中国学生的发展核心素养和学科核心素养，体现芳草地国际学校培养具有"中国情怀、国际视野"的芳草学子的育人目标(图 5-1)。从评价项目的产生到评价内容的分解再到评价要素的达成，层次清楚，要求具体，可操作性强。评价明确各学科的学科核心素养名称、内涵与表现水平，并以关键词或核心概念来刻画学科核心素养，强调以学生的发展为本，突出学习方法、学习能力和情感态度及价值观的培养，为学生的终身发展奠定基础。

图 5-1　国际视野下的中外教材比较研究研讨会

第一节　课程评价量表的基本内容与影响

一切有意义、有价值的学术研究都应该反映现实、观照现实，都应该有利于解决现实问题、回答现实问题，课程评价量表正是基于学校现阶段现实的教学需求，为更好地在教育改革和教育现代化的洪流中砥砺前行而设计开发的。

一、课程评价量表的基本内容

课程评价量表是一种评分工具，描述的是对某项任务的具体期望，评价量表将任务分解成多个组成部分，并对每个部分合格或不合格的表现进行详细描述。课程评价量表是评价者为有效进行课堂教学的评价而采用的一种评分工具，这种评价工具一般是具体化、行为化和可操作化的。在制定课程评价量表时，一般是提前确定好需要评价的主要检查要素，根据项目内的要素确立评价指标，并就每个指标得出具体相应的分值权重或等级。因此，我们可以说课程评价量表是通过评价标准来描述对教学中某项任务或多方面情况的具体期望，并赋予相应的分值权重的一种具有较强可操作性的评分工具，它能够有效评估教师的教学行为。课程评价量表作为一种具有代表性的教学行为规范可以更好地指导教师开展教育教学工作，优化教学资源配置。

（一）课程评价量表产生的背景

不日新者必日退。多变的内容、多样的知识、多元的观念……让我们面临一个前所未有的教育教学环境。过去有效的，现在未必有效；过去不合时宜的，现在却可能势在必行；过去不可逾越的，现在则需要突破。如果你所用的教学技术不如别人的先进，如何在纷繁复杂中把握主流？如果你采取的教学方法不如别人的有效，如何在众声喧哗中加强引导？如果你抱持的教育理念不如别人的高明，又谈何在多元多样中占据主导？在教育教学活动中，最忌抱残守缺、故步自封，必须吐故纳新、与时俱进，只有在创新中赢得主动权，教育教学工作才能回答好时代的考题。

1. 当前教育现状的需要

中国教育发展至今，在取得重大进步的同时仍然有很多问题被世人诟病，尤其是教育评价机制的不科学，导致社会教育的畸形认知。当前的教育评价指标存在过于抽象、操作性差、造成评价结论的主观性等问题，直接影响了教育评价的科学性。评价片面强调知识的价值，忽视学生的主体价值，导致学生的畸形发展。将考试、测验、分数作为评价的主要工具，忽视了评价的诊断、调节功能和教育、改进功能。评价主要被用来鉴定、区分学生，选拔适合教育教学模式的学生，而不是创造适合学生发展的教育教学。

《基础教育课程改革纲要（试行）》2001年6月颁布，提出改变课程评价过分强调甄别与选拔的功能，发挥评价促进学生发展、教师提高和改进教学实践的功能。新课程改革就是全面推进素质教育，培养学生具有社会责任感和健全的人格。

2012年，党的十八大提出的最新教育方针是把立德树人作为教育的根本任务。

2014年3月，《关于全面深化课程改革 落实立德树人根本任务的意见》首次提出了"核心素养"一词。核心素养发展以培养"全面发展的人"为核心，分为文化基础、自主发展、社会参与三个方面，综合表现为"人文底蕴、科学精神、学会学习、健康生活、责任担当、实践创新"六大素养。

2017年1月，国务院印发《国家教育事业发展"十三五"规划》，将立德树人再次作为教育发展的根本任务，提出全面实施素质教育，全面构建"全员育人、全过程育人、全方位育人"体系，培养学生的创新创业精神与能力，强化学生实践动手能力，践行知行合一。

小学教育是人生成长过程中十分重要的基础阶段，教育的重点并非让学生掌握具体知识，而是开发学生的思维，培养良好的行为习惯。芳草地国际学校坚持"理念要走在前面、行动要走在前面"的办学意识，依据《基础教育课程改革纲要（试行）》、党的教育方针、《国家教育事业发展"十三五"规划》等，学习名校办学经验，针对学校所处地域特点、办学条件、发展历程等，科学分析、严谨论证，为服务集团"易知易行、和而不同"这一理念并依据该理念衍生出更多与之匹配的教育教学工具，设计制定了课程评价量表。

2. 教育的根本任务

培养什么人，是教育的首要问题。教育需要培养的是社会发展、知识积累、文化传承、国家存续、制度运行所要求的人。"社会主义事业的建设者和接班人"是我国教育方针明确规定的培养目标。随着实践和认识的发展，我国的教育方针后来又增添了新的内容，但是培养"社会主义事业的建设者和接班人"的规定始终没有改变。

2018年，习近平总主席在全国教育大会上对教育的根本任务进一步进行了阐述："我国是中国共产党领导的社会主义国家，这就决定了我们的教育必须把培养社会主义建设者和接班人作为根本任务，培养一代又一代拥护中国共产党领导和我国社会主义制度、立志为中国特色社会主义奋斗终身的有用人才。这是教育工作的根本任务，也是教育现代化的方向目标。""坚持把立德树人作为根本任务"和"我们的教育必须把培养社会主义建设者和接班人作为根本任务"，是习近平总书记在这一讲话中提出的关于"根本任务"的两个重要论断，是对同一个问题即"我国教育的根本任务是什么"的回答。这表明，我国教育法中规定的"教育应当坚持立德树人"，就是指坚持培养社会主义建设者和接班人。

因此，学校教育要培养有社会责任感、有创新精神和实践能力的社会主义建设者和接班人。培育和践行社会主义核心价值观贯彻教育的全过程，要进教材、进课堂、进头脑，让社会主义核心价值观像空气一样无处不在、无时不在，以社会主义核心价值观铸就学生的人生，使他们成为高尚的人、有益于人民的人。

3. 芳草地育人价值的体现

芳草地国际学校围绕"立德树人"和"培养社会主义建设者和接班人"的育人目标进行了"校本化"表达，以"荣·融"文化为精神内核，以促进文化理解和儿童健全人格为目的，以践行国际理解、提升生命质量为办学理念，立足易知易行、和而不同，培养具有"中国情怀、国际视野"的芳草学子。在办学核心价值观和育人目标的引领下，学校以国际理解教育为载体，致力课程建设，力争进一步凸显自身特色，整体提升学校的影响力和竞争力。课程构建以目标为导向，整体研究课程设置，把国家（地方）课程、校本课程变为学校可操作的、体现学校发展特质的课程，突出尊重生命、尊重个性、尊重文化差异，通过回归生活，扩展视野，夯实学生的做人基础、知识基础、能力基础，切实通过课程实施达到育人目的。

(二)课程评价量表的优势特性

推行知行课堂课程评价量表益处良多：课程评价量表具有导向功能，能够促进芳草地国际学校课堂教学改革，提升教学质量；课程评价量表具有激励功能，可以加强教师之间的相互交流，令教师清晰了解自身教学的优缺点；课程评价量表是促进教师专业发展的重要途径；课堂教学评价具有决策和鉴定功能，是学校管理工作的重要组成部分；课堂教学评价是对教师的肯定，是对学生的责任所在。

教师教育是培养教师的关键环节，是教育事业的"工作母机"，是教师队伍建设的源头活水，提高教师教育教学水平必须依托课程评价量表。知行课堂课程评价量表的制定需要针对芳草地国际学校教师实际教学情况，综合各方面条件进行设计。对试行过程中产生的经验教训进行反馈总结，改进的同时也应看到课程评价量表在开展使用过程中具有以下特性。

1. 科学性

科学性是指量表的选择要以科学思想为指导，以事实为依据。知行课堂课程评价量表符合现阶段芳草地国际学校的教育理念和教学目标，是经芳草地国际学校各级领导、教学组需求捕捉、需求分析后精心设计的，是芳草地国际学校亟待利用的评价教师课堂质量的有力工具。芳草地国际学校根据学校现实需要，通过大数据背景下的分析工具，对课程评价量表进行了前沿发展的可视化分析，利用高级检索将关键词规定为"教学评价"并含"课程评价量表"进行检索。检索得到240余篇相关文献，对于得到的文献进行人工处理，排除相关度较低或非教育领域内的文献以及公告类文章，经过文献核查后得到230篇相关度较高的关于课程评价量表的文章。利用关键词聚类分析可以得到课程评价量表领域内最重要、最值得学习借鉴的部分(图 5-2)。

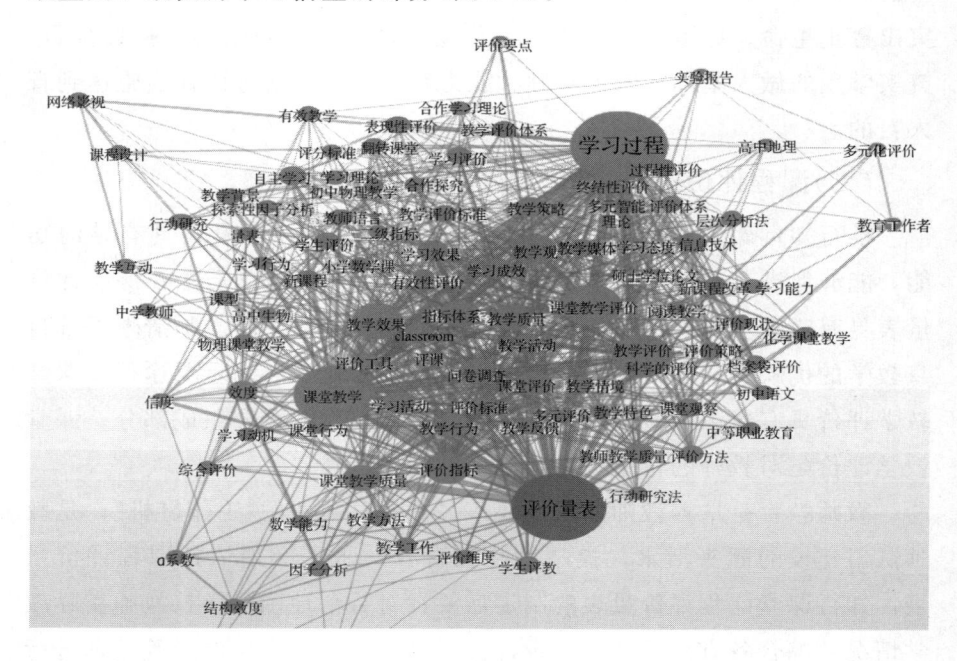

图 5-2　课程评价量表聚类分析(局部)

从图 5-2 中不难看出，中心聚点为评价量表、学习过程以及课堂教学，以此分散出近百个小中心点。以图 5-2 为基础，芳草地国际学校采用了聚类分析中评价要点周围的指标体系、方法评价、行为评价、教学反馈、教学能力、教学情境创设、教学策略、教学语言等一系列要素作为评价项目，注重课堂教学中学生的学习质量、学习效果。我们能从图 5-2 中获得一定的启示：在知行课堂的教学评价中，我们可以辅之以多元化评价、过程性评价、终结性评价、表现性评价、档案袋评价、综合评价、层次分析法、行动研究法、因子分析等多种方式进行多角度教学评价，更加生动形象地表达出教师在知行课堂中的表现。在得到知行课堂课程评价量表后，再对量表的信度、效度以及评价标准和指标构建的体系进行斟酌思考，对于不能适应芳草地国际学校现实需要的项目予以修改，及时分析知行课堂教学现状，主动与教师沟通，完善量表内容直至满意为止。

知行课堂课程评价量表是经过反复推敲、思考、实践后得出的具有代表性和功能性的评价工具，真实客观地反映了教学过程。

2. 重要性

知行课堂课程评价量表是提高教学效果的催化剂，能够反映出教师教学的主要优点和一些不足之处，对于教师成长和教学效果提升具有一定的促进和鞭策作用，受到了教师的一致认可，在教学评估中不可缺少。

3. 必要性

在上述检索过程中对于课程评价量表的研究文献研究时间集中在2014年至今，尤其是在2018年涌现出了极多的关于课程评价量表的研究，可见各方对于课程评价量表的关注度在不断增加，对课程评价量表的使用分析更加得心应手。且课堂教学活动需要对评价体系进行规范，形成规范后才能够更好地开展工作。根据给出的评价要点展开教育活动，既丰富了教学内涵，多角度研究教学活动，又创建了良好的教育教学氛围，一举两得，益处多多。

因此，课程评价量表的开发至关重要，在日新月异的教育教学环境下，教师要跟上时代节拍，更要积极进取、奋发前行、与时俱进，知行课堂课程评价量表也要在实践中不断尝试、改进而日臻完善。

二、课程评价量表的整合与改进

课程评价量表紧紧围绕着教师在课堂教学活动中的教学目标、学习条件、学生活动、教学效果、学习指导教学调控课堂气氛，以及教学特色改革创新等要素展开评价，内容、层次丰富，深刻地反映了校内教师在日常教学中对于课堂的把控和开展情况。课程评价量表在学校教育教学活动中的作用不可小觑，因此对于课程评价量表的整合及相关问题的改进显得尤为重要。

基于这一考量，以芳草地国际学校知行课堂课程评价量表为例，进行初步的整合分析，从得出的分析报告结果出发，简述课程评价量表的各个因素的有效性。

(一)知行课堂课程评价量表评价等级情况及项目符合程度分析

随机抽取2018年度的知行课堂课程评价量表共计20份进行数据分析，20份量表均为有效量表，真实可靠。知行课堂课程评价量表涵盖了芳草地国际学校语文、数学、英语、音乐、体育学科，包括一至六年级各个年级的教研组长、普通教师等，学校德育、教学、体育工作集体检查视导教案、课堂上课、作业情况汇总成为视导记录表，大体概括了芳草地国际学校知行课堂教学各个方面的优点、不足以及意见建议，最终给出评价和等级判定。

根据统计分析后的知行课堂课程评价量表内容：知行课堂教学评价中，总体等级评价结果较为优秀，有18位教师评级为A级，2位教师评级为B级，完全符合评价要点的教师占整体的68.33%，基本符合评价要点的教师占整体的31.67%（图5-3）。值得一提的是，芳草地国际学校不存在不符合评价要点的教师，综合总体评级较高，可见芳草地国际学校教育教学水平较高，对于知行课堂的要点掌握程度高。

知行课堂教学评价符合程度分布

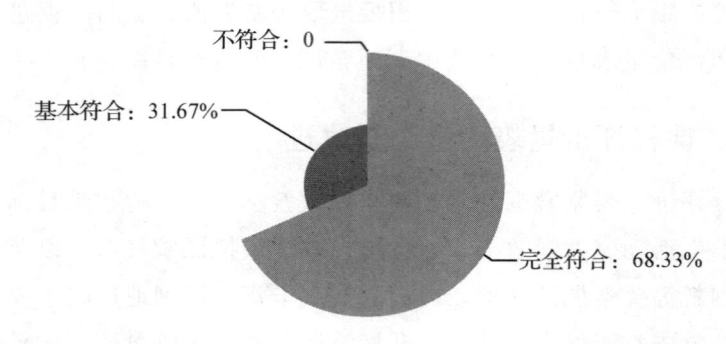

不符合：0
基本符合：31.67%
完全符合：68.33%

图5-3 知行课堂课程评价量表符合程度分布

知行课堂课程评价量表内知行观察点包括思维、表达、实践三个部分，

第五章 量表中的芳草课程评价

每个部分共有九个具体分类，分布在学习指导教学调控课堂气氛、学生活动两大项目内，具体要求包括：学习指导的范围和有效程度掌控；教学过程调控的有效程度；课堂气氛的宽松度；课堂气氛的融洽度；学生参与活动的态度；学生参与活动的广度；学生参与活动的深度；学生参与活动的基本学习习惯；学生参与活动的学科性学习习惯。据图 5-4 所示知行观察点的符合程度，思维部分完全符合的有 33 项，占总体的 18.33%，基本符合的有 14 项，占总体的 7.78%，思维部分一项符合数占整体总数的 26.11%。表达部分完全符合的有 69 项，占总体的 38.33%，基本符合的有 20 项，占整体总数的 11.11%，表达部分一项符合数占到总体的 49.44%，相对占比数较大，可见芳草地国际学校的教师在知行课堂教学过程中在表达方面略占优势，但仍有进步空间。实践部分比较平均，完全符合的共计 21 项，占总体的 11.67%；基本符合的共计 23 项，占总体比重的 12.78%，实践部分占总体的比重为 24.44%。由此可见，在知行观察点评价中，芳草地国际学校的教师在表达方面非常准确到位，能够清晰地表达教学内容，传授知识，而在思维和实践方面仍有待提高。结合评价一栏也可以知晓学校教师在知行课堂学习指导以及调控过程中把控极好，对于学生参与活动的广度、深度、态度等要多加强，提高认知水准。

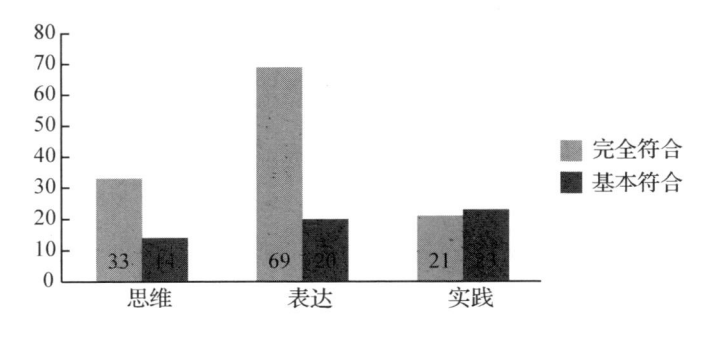

图 5-4 知行观察点符合程度分析

(二)评价栏内评语的词云分析

评价栏经过数据的词频统计、处理、整理分析后形成了主要优点评价词云(图5-5)。词云显示芳草地国际学校的教师在教学过程中优点颇多,教师在课堂教学过程中有关注、有耐心、有激情、有自信、有方法,这也符合我国四有教师的基本要求:有理想信念,教师在思想上保持先进性、纯洁性;有道德情操,对学生的品德进行教育,要时存感恩之心;有扎实知识,教师拥有扎实的基础、经验;有仁爱之心,教师必须以"爱满天下"的情怀,关爱每一个学生,关爱学生的学习生活,帮助学生不断提高。

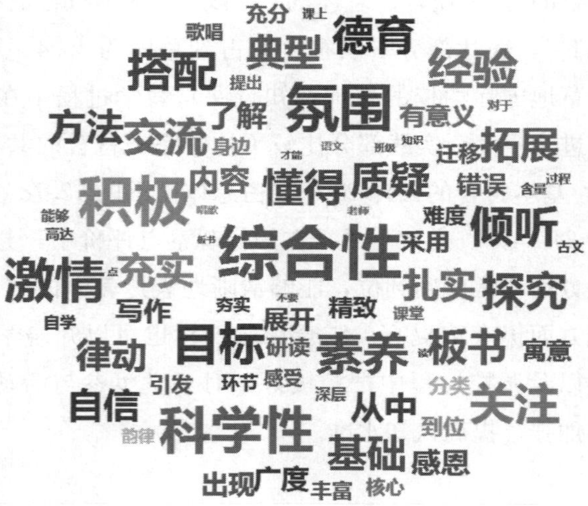

图5-5 评价栏主要优点词云图

词云展现了教师课堂教学的优点:在板书书写,方法指导,培养学生倾听、迁移、收集材料,个性化评价学生,研读带读等方面,注重学科的综合性,营造良好浓厚的学习氛围,通过教学渗透关爱他人、懂得感恩的情感教育,帮助学生培养良好的学习习惯;在探究课题时能够引导学生自主、自学,多层次感受课题表达的含义;在环节设计上精致、巧妙,寓意深刻;鼓励学生勇于质疑、勇于提问,引发更多思考,锻炼学生发散性思维,不局限于书本知识;鼓励学生全方位发展。

当然,评语也暴露出存在的一些问题:课堂的练习度不够,开放性的问题涉及过少，批阅作业不细致等。意见建议栏内指出：教法和学习方法要更加开放，更多地给学生提出质疑的机会；对于教材整体把握程度应加深，不仅仅局限在表面。

通过对知行课堂课程评价量表的分析，我们了解到量表的设计可以深刻、直接地反映出教师的主要优点和问题，评价者给出的意见是有针对性、有理有据的。通过对量表的数据分析，芳草地国际学校现阶段教育教学活动的重点应放在：探究教师教学过程中的方法，更好地引导学生质疑，培养学生的科学精神；对于教材深度把握和对学生参与活动的态度进一步监控，根据情况随时调整，适应现下的教育教学潮流。

在实施课程评价量表的征程上，芳草地国际学校应对挑战、抵御风险、克服阻力、解决矛盾，迫切需要迎难而上、挺身而出的担当精神。只要勇挑重担、勇克难关、勇斗风险，教育教学工作就能充满活力、充满后劲、充满希望，越是艰险越向前，勇立时代潮头，争做时代先锋。

正是这样不屈不挠的精神使得学校在改进课程评价量表时大刀阔斧，在结合学校自身发展需要和教育改革潮流中，积极引入了核心素养这一先进性概念，使得量表的内涵焕然一新。

知行课堂课程评价量表的核心能力区包括六个领域。道德：价值判断，培养学生良好的道德品质，促进学生的社会性发展，为学生认识社会、参与社会、适应社会，成为有爱心、有责任心、有良好行为习惯和个性品质的公民奠定基础。语言：阅读、表达，促进学生的语言认识、语言实践、语言文化、语言思维等语言素养的提升，培养学生成为能说会道、善读乐写、学贯中西、文质彬彬的芳草学子。数学：数学运算、问题解决、空间想象，培养学生的创新精神，培养学生具有适应当前以及未来生活所必需的数学能力。科技：观念、实践、体验，参与探究活动，让学生主动提出问题、设计方案、解决问题，培养学生实事求是、凡事求真的品行以及实践能力和创新能力，为我国创新驱动战略提供人才打下坚实基础。健康：身体运动水平能力，通过参与运动了解运动技能、协调发展身心健康、增强体能，培养学生坚强的意志品质、合作精神和交往能力，为我国体育事业培育优秀人才。艺术：鉴赏、色彩、韵律，丰富学生视觉、听觉、触觉和审美经验，培养学生体验艺术活动的乐趣，获得对艺术学习的持久兴趣，了解基本艺术语言的表达方式和方法，表达自己的情感和思想，在艺术学习过程中激发创造精神，发现善于表现的能力，形成基本的艺术素养，陶冶高尚的审美情操。

核心能力区正是基于育人目标及芳草地国际学校领域标准推出的，核心能力为我国培养有理想、有道德、有文化、有纪律的社会主义现代化强国人才奠定坚实的基础。知行课堂课程评价量表内提到的核心能力区成为评价重点，更加强调学科特性核心能力区被着重提到，教育教学评价的征程再一次开启。

第二节 基于核心素养的评价量表的开发与实施

基于核心素养的评价量表的开发与实施，是落实立德树人和芳草课程育人目标的重要途径，是深化学科课程建设、培养学生关键能力的有力保障，也是集团化办学、保证教育资源均衡发展的关键。

一、基于核心素养的评价量表的开发过程

任何教育评价都是一项有既定目标的实践活动。制定学生核心素养培养评价量表的目标就是围绕学校的育人目标，把握学科本质，软化学科边界，聚焦学思知行，提升学生核心素养。下面将结合具体领域评价量表的制定对开发过程和方法进行详细阐述。

（一）道德领域

学校作为教育的主要场所，我国自古至今都非常重视对学生道德的培养。然而，认识到其重要性还远远不够，反观我国学校道德教育的现状，仍存在不足之处。例如，在道德教育过程中，突出教师的主体地位，而学生只是被动地接受教师的理论灌输。久而久之，道德教育逐渐变成了形式化的工作，偏离了教学的初衷。另外，道德教育在我国尽管

被放在了"五育"之首,但实际上我国学校的道德教育课程却没有得到应有的重视,导致我国道德教育的实效性不强。我们希望借助开发核心素养培养评价量表,将"立德树人"落到实处。

1. 明确领域目标

《中国教育改革和发展纲要》对学校教育的整体目标进行了阐述:"面向全体学生,全面提高学生的思想道德、文化科学、劳动技能和身体心理素质,促进学生生动活泼地发展。"学生道德的培养应放在教育的首位。

党的十八大明确提出,我们要培养有社会责任感、有创新精神和实践能力的社会主义建设者和接班人,并要求我们把培育和践行社会主义核心价值观贯彻教育的全过程,要进教材、进课堂、进头脑,让社会主义核心价值观像空气一样无处不在,无时不在,以社会主义核心价值观铸就学生的人生,使他们成为高尚的人、有益于人民的人。

基于国家教育的基本政策和方针,参考中国学生发展核心素养的相关内容,芳草地国际学校结合培养具有"中国情怀、国际视野"的芳草学子的育人目标,致力于培养学生的良好品德,促进学生的社会性发展,为学生认知社会、参与社会、适应社会,成为具有爱心、责任心、良好行为习惯和个性品质的公民奠定基础。其具体表现为在课程中,我们从道德认知、道德情感、道德判断、道德行为和学会学习五个方面关注学生道德的培养。这既是我们对学生进行培养的内容,也是课程标准达成程度的评价维度。

2. 开发特色内容

芳草地国际学校将德育与学校课程改革紧密结合在一起,整体构建学校课程,形成了地球主题探索课程。在六大领域的课程建设及推进中,学校始终把德育放在首位,构建一个探索式的开放性体系,在德育的推进和发展中汲取新内容新方法,形成持续发展的动力。为使芳草道德领域标准落地生根,芳草地国际学校在深入落实国家课程的基础上,开发儿童哲学课程、儿童逻辑课程和道德推理课程,将其纳入芳草德育课程体系，作为学校道德领域的特色课程。

一、二年级开设儿童哲学课程，使学生初步认识世界，认识人与世界的各种关系，学习运用哲学思维解决学习与生活中的问题，为提高自身道德认知、增强道德情感、促进道德意志、形成自觉的道德行为奠定世界观基础。三、四年级开设儿童逻辑课程，使学生初步掌握形式逻辑学的思维方法。五、六年级开设道德推理课程，这是由于高年级学生与社会接触多，又即将步入青春期，许多社会问题都已经成为他们的关注点。

这样一体性的德育特色课程，避免道德教材无体系的碎片性，去除知识性的灌输，形成道德认知的自觉构建，真正做到让道德内化于心、外化于行，道德不仅可教，而且能教、会教，教出预期的效果。

(二)语言领域

语言是人类交际的工具、思维的武器。人类个体间通过语言相互了解和沟通，良好的语言沟通技巧将缩短个人与其他社会成员之间的距离，语言也是人学习其他知识的基础。语言是创造力发展的要素，语言学习有助于提高思维和想象能力，而思维的发展又能促进儿童逻辑思维能力和语言表达能力的发展，令学生学会如何接收他人的信息，并正确表达自己的意图。

1. 明确领域目标

语言领域的学习目标是基于育人目标，深入落实国家课程标准，通过语言基础课程和具有综合性、实践性、活动性主题课程的学习，突出多元有界、融合共情：解读表达要多元，但需有界；营造共情，多重对话，从多元走向融合。促进学生的语言认知、语言实践、语言文化、语言思维等素养的提升。

随着核心素养的提出，语文、英语两大学科均在这个框架下提出了自己学科的核心素养培养要求。语文学科着力发展"语言理解与建构、思维发展与提升、审美鉴赏与创造、文化理解与传承"，英语学科将"语言能力、文化意识、思维品质和学习能力"作为本学科的学科核心素养。

可以看出，语言领域的两大学科，在核心素养培养上，虽然在教学方法上有所差异，但在关键领域学生核心素养、学科特点与本质上是相通的，因此，在制定语言领域学生核心素养评价量表时，我们对此进行了整合，兼顾语文、英语的学科特点与学科本质，以及对外汉语教学的要求，同时对接育人目标，制定了"芳草课程语言领域学生核心素养培养评价量表"。

2. 开发特色内容

芳草地国际学校是一所公立涉外的国际学校，既有中国的本土学生，又有来自世界各国及地区的外籍学生。学校语言领域课程目前设置三门学科，分别是语文、英语和对外汉语。结合学校特色，在开发语言领域评价量表时我们突出了以下特点。

(1) 建立以汉语为主体的语言领域课程体系

和其他以英语教学为主的国际学校不同，芳草地国际学校作为一所公办的涉外学校，始终将汉语学习作为语言课程的主体，将普通话作为芳草课程的用语，将推进中文国际化作为学校的神圣使命，树立语言教育是重要的生产力的观念，重视语言教育对人早期智力开发的作用，培养创新型人才，使学生的语言发展在配合中国未来发展的大框架下稳步推进，落实育人目标。

(2) 推行多元化的语言教育战略

在推行汉语教学为语言领域主体教学的基础上，学校重视建立多元化语言教育，结合学校招收国际学生的特点，充分利用非常丰富的语言资源，强化汉语为通用语下的多元语言教育并举体系，促进多元融合，多种语言共同发展，推动各国学子在芳草园内和谐合作，使语言教育更好地为来自世界不同地区的芳草学子服务。《反思教育：向"全球共同利益"的理念转变？》一书提出"教育作为全球共同利益"的愿景。《中国的和平发展》(白皮书)也指出要以"命运共同体"的新视角，寻求人类共同利益和共同价值的新内涵。语言与文化密不可分，通过多元化语言教育，芳草地国际学校推进跨文化交流，追求各国人民的共同福祉。

(3) 推行互联网发展战略

未来世界是大数据时代，云计算、物联网、社交网络等新兴服务技术的发展，对语言领域的教学影响是巨大的。芳草地国际学校依托学校几十年涉外语言教育优势，充分利用互联网具有的主动性、便捷性、快速性、多元性及大容量的特点，下大力气建设网上"芳草汉语"课堂，全面展示学校汉语教育的成果，突破语言教育依赖课堂教学的局面，构建语言学习的网络教育体系，打造无疆校园。学校先后在澳大利亚、美国、英国等国家的友好校中，建立了芳草汉语教室。教师将课程内容通过网络即时传输给学生，学生可以随时获取并自主学习，接受教师的远程教学辅导，实现交互式动态教学。

（三）数学领域

数学是科学的工具，数学更是一种文化，是人类智慧的结晶。这种双重性决定了作为教育任务的数学教育其价值取向是多元化的。数学教育的任务，不仅是知识的传授、能力的培养，而且是文化的熏陶、素养的培育。数学教育应实现人文教育和科学教育的整合，这是素质教育的价值取向，也是数学教育发展的必然。

1. 明确领域目标

小学数学核心素养是通过小学阶段的数学学习，逐步形成的适应个人终身发展和社会发展需要的数学必备品格与关键能力。基于核心素养，数学领域的学习目标是以达成义务教育阶段数学学科国家课程标准为基础，通过丰富的课堂内外活动，以真实情境下的问题解决为方式，培养学生能够用数学的眼光观察世界、用数学的思维思考世界、用数学的语言表达世界，培养学生作为一个有创新精神、关爱他人、具有社会责任感的世界公民适应当前以及未来生活所必需的数学能力。同时，课程目标的制定要依据学生身心发展特点、当代社会发展的实际需要和学科发展的客观要求，协调处理全面性、系统性、具体性、层次性和灵活性几方面的问题。学生的发展是一切教育教学活动的出发点和归宿，芳草数学课程通过数学知识的生长性，给学生的成长以启蒙、滋养和力量。通过生长形态的数学促进学生的成长，这是芳草数学课程的核心追求。学校出台了"芳草课程数学领域学生核心素养培养评价量表"，以期通过"数学实践""数学思想"和"学会学习"三个方面十个评价要素促进学生的发展。

2. 开发特色内容

芳草地国际学校的课程建设始终基于四个策略推进课程内容实施，即忠实策略、整合策略、拓展策略和创生策略。既有学科内部学习内容的整合，又有跨学科内容的融合；既有学习方式的变革，又有学习范围的拓宽。

(1)新理念引领课程内容实施

基于育人目标的课程构建，让我们能够站在学生的立场思考数学学习，让我们能够把有利于学生的发展作为课程实施的使命。教育家保罗·弗莱雷(Paulo Freire)说过："没有对话，就没有交流，也就没有真正的教育。"数学教育离不开"对话"，因为数学是一门思维学科，数学教育是思维活动的教育，数学课堂是动态的思维场，通过对话能促进师生、生生间的思维交流。

(2)新方法探索跨领域间融合

课程改革要淡化学科界限，强调学科间的联系与综合。也只有在各门学科的相互交融、相互促进中，学生才能获得全面而有个性的发展。从近代自然科学诞生以来，数学就一直作为自然科学的重要基础而存在。自然科学和数学的联系紧密而复杂：自然科学为数学提供了值得研究的问题，而数学则为自然科学数据的分析提供了有力的工具。

(3)新途径拓展课内延伸课外

数学学习活动要以学生的发展为本，要把学生的个人知识、直接经验和现实世界作为数学教学的重要资源，要加强数学与现实生活中学生感兴趣的问题的结合，做好数学课程的拓展与延伸。

(4)新内容促进实施方式变革

我国著名学前教育家陈鹤琴先生曾说过："小孩子是生来好动的，是以游戏为生命的。游戏之于儿童丝毫不亚于母乳，游戏之于儿童如同生命一样重要。"爱玩是儿童的天性，游戏和娱乐对儿童身心发展十分重要。数学的学习方式要能顺应儿童的成长天性——芳草地国际学校数学舞台剧应运而生。它是学生学习数学、感悟数学和体验数学的一种新形式。

芳草课程所涉及的数学领域的学习内容，既包括学科内部的学习内容，又包括学科内部学习内容的整合，还包括跨学科内容的融合；既包括课堂的学习内容，又包括由课内延伸到课外的学习内容。数学游戏、数学综合实践活动、数学嘉年华的开发丰富了芳草地国际学校数学领域的课程内容。

（四）科技领域

科技教育对于人的发展、培养自身的科技实践能力和造就富有进取心及有知识的公民都是至关重要的。一个日益重视科学技术的社会需要科技的最广泛普及，恰当地调整公众对科技及其应用的见解及态度，以使人们深入了解科技。

1. 明确领域目标

通过芳草科技课程的学习，学生能够知道与周围常见事物有关的浅显的科技知识，并能将其应用于日常生活，逐渐养成科学的行为习惯和生活习惯；了解科学探究的过程和方法，尤其对技术与工程领域的实践过程、方法有所了解，并尝试应用于科技制作创新活动中。学生逐步学会科学地看问题、想问题；保持和发展对周围世界的好奇心与求知欲，形成大胆想象、尊重证据、敢于创新、自信乐群的科技态度和爱科技、爱家乡、爱祖国的情感；亲近自然，欣赏自然，珍爱生命，积极参与资源和环境的保护，关心科技的新发展；关注科学、技术、社会、环境的紧密联系，培养责任意识、民族意识、人类意识。最终，提高学生个体的科学素养，以利于和谐社会的构建、创新型国家的形成，从而为人类共同栖居于美丽的星球提供支持，落实可持续发展教育目标。具体表述可见图5-6。

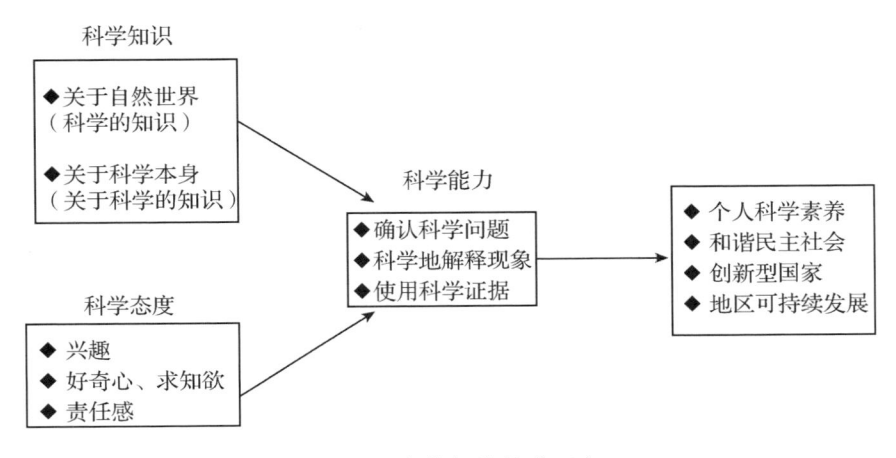

图 5-6 科学领域培养目标

2. 开发特色内容

本领域的内容依托于"大科学"观，整体构建具有特色的国际化学科课程。"大科学"观涉及以下方面。

一是丰富学科内涵，树立"大科学"理念。在时代的高度认识学科特性，丰富学科内涵，发挥学科的教育辐射作用，努力提高学科教学质量，形成优质且具有特色的小学科学教育。

二是整合与"科学"相关的课程，尤其是将品德与生活、品德与社会、综合实践、信息、劳动等学科有机整合，形成"科学与技术"综合课程，探索学科整合的有效规律。进行校本课程开发，建立完备的"三级课程"建设系统。在完善已有的校本课程基础上，成立与科学学科相关的社团，借助社团开展丰富的活动。

三是开发网络课程，延伸学习时空。立足于建设"国际化课程"的要求，开发网络主题探索课程，创建网络学习平台，打破班级、学校之间的壁垒，建设无疆校园、智慧校园。开发社会课程建设基地，增强学科功能。将学科建设从学校引向社区，整合社会课程基地资源、专家资源，同时，用科学服务社会。

按照"基础类课程""拓展类课程""个性类课程"整体构建科学领域课

程(表 5-1)。

表 5-1 科学领域课程设置

类型	课程
基础类课程	科学、天文、电子技术
拓展类课程	科学辩论、科学阅读、天象观测、节能减排、机器人、我是小小宇航家、舰船模型
个性类课程	金鹏培训课、DI头脑创新训练课、明日科学家课程

(五)健康领域

体育与健康课程是以身体练习为主要手段,以学习体育与健康知识、技能和方法为主要内容,以增进学生健康、培养学生终身体育意识和能力为目的的课程。

1. 明确领域目标

2007年5月,中共中央、国务院《关于加强青少年体育增强青少年体质的意见》明确指出增强青少年体质、促进青少年健康成长,是关系国家和民族未来的大事。党的十九大报告中两次提到体育相关内容,指出要广泛开展全民健身活动,加快推进体育强国建设,筹办好北京冬奥会、冬残奥会。

芳草地国际学校将体育与健康课程和学校课程改革有机结合,以身体力行与立德树人教育思想完美统一,并且将课程整体架构与学校课程进行了原生态、消弭式融合,形成了独具特色的发展性课程。学校在课程建设及推进中,始终把育人、育体、育心放在体育与健康教育的核心地位,并将其构建成为一个立体多维的综合性教育体系,并在体育与健康教育的研究与实践中,谋求新思路、探索新方法、选择新内容,使其成为富有生命力的再造生命课程。

在体育与健康领域课程建设中,我们制定了体育与健康领域标准,从而实现严格落实课程标准,着重培养体育与健康学科核心素养,彰显芳草国际特色,紧紧围绕培养具有"中国情怀、国际视野"的芳草学子的育人目标，全面提升学生的身体素质，促进学生运动能力的全面发展，培养学生的良好思想品德，树立学生成志、成才、成人的人生理想，令学生努力成为适应社会进步、时代发展的国家栋梁，向着为祖国健康工作五十年的奋斗目标而不懈努力。

2. 开发特色内容

体育与健康教育是学生身心健康成长的有效途径与重要手段，小学体育与健康领域内容的选择与实施，能够有效达成芳草地国际学校体育与健康领域目标的发展愿景，并且能够在体育与健康的课程教学中，全面通过学科本质与学科价值体系，培养学生的运动能力、健康行为、体育品德。因此，芳草地国际学校将课程作为学校最好的产品，依托体育与健康课程内容的系统整合、科学配比、校策规划、教师特色，统编体育与健康领域课程内容。芳草地国际学校一方面深入研究国家课程，一方面积极根据地方规划的特色校本课程，在整合课程资源的前提下，结合各校区特色规划创新出足球、排球、冰球、滑雪、健美操等特色选修课程，从而丰富了学校体育与健康课程内容，为学生小学阶段学会1～2项体育技能打下了坚实的基础（表5-2）。

表5-2　体育与健康特色课程示例

特色课程	项目	学练内容
多种球类	足球	足球基本技术
		足球技战术配合
	篮球	篮球基本运动能力
		篮球实用技战术
	排球	排球基本技术与体能
		排球技战术运用
	羽毛球	羽毛球基本技术
		羽毛球简单规则与实战
	珍珠球	珍珠球基本传接技术与体能
		珍珠球技战术与实战技法

续表

特色课程	项目	学练内容
肢体协调能力类	健美操	基本运动能力与动作组合
	啦啦操	基本节奏训练与完整动作组合
	武术	武术基本功
		小套路串联
学校特色类	轮滑	轮滑基本运动能力
		轮滑竞速能力的培养
	独轮车	独轮车基本运动能力
		独轮车多车组合动作串联
	冰球	冰上基本滑行能力练习
		冰球运球与传球
		冰球技战术配合与实战
	滑雪	护具的穿戴与基本站位滑行
		中级道大"S"形滑行
体卫健康类	体育知识	体育运动的基本规则
		体育运动的小常识
	健康知识	认识自己的身体
		健康的生活方式
	奥林匹克知识	奥林匹克运动的起源
		奥林匹克精神
	冰雪运动知识	冰上运动介绍
		雪上运动介绍

(六)艺术领域

艺术课程具有人文性、综合性、创造性、愉悦性、经典性等性质，具有创造美、鉴赏美的价值，情感价值，智能价值，文化价值和应用价值等多种教育价值，对学生人格成长、情感陶冶以及智能提高等具有重要意义。

1. 明确领域目标

芳草地国际学校艺术课程的总目标：学生通过各学段多主题艺术课程的学习，不断获得基本的艺术知识以及感知与欣赏、表现与创造、反思与评价、交流与合作等方面的艺术能力，提高生活情趣，形成尊重、关怀、友善、分享等品质，塑造健全人格，使艺术能力和人文素养得到整合发展。艺术课程的目标具体体现在艺术与生活、艺术与情感、艺术与文化、艺术与科学四个方面。

(1) 艺术与生活

在对自然和社会生活的观察中，认识艺术的要素和组织原理。在艺术活动中加深对生活的认识，拓展生活经验，学会体验生活的乐趣。在生活经验和艺术经验的相互作用与转换中，获得用艺术的方式表现和美化生活的能力。

(2) 艺术与情感

学习运用基本的艺术技能，创造性地表达、交流自己的情感和思想。感受和理解不同艺术作品和艺术表现蕴含的情感和思想，获得对人类情感的体验。体验、了解和反思人类情感如何丰富了艺术的创造与表现，提高审美情趣，达到身心的和谐与愉悦。

(3) 艺术与文化

探讨、比较我国民族艺术的风格特征和文化历史背景，学习它们独特的表现方式，学会珍视各民族艺术的价值。认识世界不同地区的艺术，了解其风格特征及文化历史背景，学会尊重多元文化。学会识别并领会不同地区与时代艺术符号的文化含义。

(4) 艺术与科学

了解科学发现、科技进步对艺术发展的促进作用。了解艺术想象、审美要求对科学技术发展和产品设计的影响。尝试艺术手段与科技手段的结合，对自然、环境、生命科学等内容进行艺术创造和表现，促进科学思维和艺术思维的连接与互动。

2. 开发特色内容

芳草地国际学校艺术课程围绕芳草学子的培养目标，突出艺术课程的核心素养，主要表现在欣赏、表现、创造三个关键词上，具体体现为世界性、民族性、芳草性三个方面。

(1)世界性

世界上有各种各样的民族和民族艺术。民族是一个相对稳定的人民共同体，是以血统、生活、语言、宗教、风俗习惯等同质性而结合的人群。世界上有多少民族就有多少种文化，民族和艺术是密不可分的，一个民族创造了自己的艺术形式，同时他们也享受着自己的艺术。正是由于这些民族艺术，才组成了世界的艺术之花。大量欣赏世界优秀民族艺术，用多元化的视角审视世界各民族的艺术形式，能更好地培养学生的艺术欣赏水平和价值观。

(2)民族性

从小增强民族意识，培养爱国情怀是义务教育的主要目标之一。弘扬民族艺术，也是艺术课程的主要任务之一。课程设置大量欣赏中国民族艺术的主题，让学生了解和感受我国民族艺术中的"极品"，增强民族自豪感，激发学生对民族艺术学习的兴趣。

(3)芳草性

依据芳草地国际学校总体课程建设的版块，按照主题整合欣赏作品。在欣赏作品的基础上，学生参与大量艺术活动，同时进行各学科的"主题探索"，进一步深入芳草六大主题感受世界民族艺术。

艺术领域的学习，综合音乐、美术等艺术相关学科，前期主要围绕六大探索主题初步形成音乐、美术等学科的核心模块，逐步形成艺术与生活、艺术与情感、艺术与文化、艺术与科学四个高度综合化模块，分年级设计不同内容。

(七)综合实践活动领域

综合实践活动课程是新一轮课程改革的亮点难点课程，是一门相对独立的、与学科课程有着本质区别的新课程。这是一门基于学生经验，联系学生生活和社会实际，突出实践，增强学生探究和创新意识的课程。

1. 明确领域目标

综合实践活动的评价应该以课程的性质和目标为依据，树立重参与、重过程和重发展的整体评价观，强调评价主体与方式的多元化、评价内容的综合性与全面性、评价标准的合理性与科学性，以及评价方法和手段的多样性。因此，综合实践活动课程应遵循以下原则。

（1）发展性原则

综合实践活动评价关注的重点不是学生某一阶段的表现，也不是某一方面的表现，而是学生整体上的进步与提高；关注的重点不是学生之间横向的比较，而是学生自我纵向的发展。也就是说，综合实践活动评价的重点要放在学生发展水平、发展程度和发展层次上，引导学生进行自我反思性评价，关注学生的体验过程，关注学生在探究过程中形成的情感、态度、价值观、综合能力等。

（2）多元性原则

综合实践活动的评价强调多元评价。一是评价主体多元。对学生发展的评价不仅由指导教师来完成，还应该积极鼓励学生自主评价、相互评价，有效利用学生家长的评价、社会有关人员的评价等。应建立学生、家长、教师、专家、社区等共同参与、交互作用的评价制度。二是评价信息来源多元。评价信息可以来源于活动方案、调查报告、论文或物化了的作品，也可以来源于被观察到的外在行为表现或者个人内心的情感体验。三是评价方式多元。要承认学生的多元智能，充分肯定学生在活动过程中的所有表现，要将量的评价与质的评价相结合，以质的评价为主，在实践中积极探索多种评价方式。

（3）全程性原则

综合实践活动的评价应该处理好过程与结果的关系，重视过程，兼顾结果。要重视对学生活动过程的评价，注重评价学生在活动过程中的表现，以及他们解决问题的方法、态度和体验。要将评价贯穿活动的全过程，而不仅仅针对学生得出的结论。即使最终没有取得预期的结果或者效果，也应该让学生从中获得宝贵经验并视之为重要成果，肯定学生的活动价值，营造学生体验成果的情境。

(4) 激励性原则

综合实践活动的评价要紧扣课程目标，做到因人、因题而异，多激励、少批评，注意个体的纵向发展，力求推动每个学生在原有水平上有新的进展，不用统一制度对不同学生进行评价；鼓励学生发挥自己的个性特长，施展自己的才能，努力形成激励广大学生积极进取、勇于创新的氛围，不断促进学生的发展。要体现评价的激励和导向功能，多角度、多层面去捕捉学生的闪光点，放大学生的优点，展示学生的成功，让每一个学生都能看到自身潜能，看到自身价值，都积极、主动地参与活动，展示自己，让每个学生都能勇敢地挑战自己、超越自己。

2. 开发特色内容

综合实践活动学生评价的内容主要依据综合实践活动课程的目标和发展性评价的理论，对学生的评价不过分强调结果的科学性与合理性，而特别关注学生参与活动的态度、解决问题的能力和创造性，关注学生学习的过程与方法，关注学生的交流与合作，关注学生动手实践以及所获得的经验与教训。因此，芳草地国际学校从以下五个综合实践活动的角度进行评价内容设定。

(1) 考察探究

学生基于自身兴趣，在教师指导下，从自然、社会和自身生活中选择和确定研究主题，开展研究性学习，在观察、记录和思考中，主动获取知识，分析并解决问题。

(2) 社会服务

学生在教师指导下，走出教室，参与社会活动，以自己的劳动满足社会组织或他人的需要，如公益活动、志愿服务、勤工俭学等。它强调学生在满足被服务者需要的过程中，获得自身发展，促进相关知识技能的学习，提升实践能力，成为履职尽责、敢于担当的人。

（3）设计制作

学生运用各种工具、工艺（包括信息技术）进行设计并动手操作，将自己的创意、方案付诸现实，转化为物品或作品。

（4）职业体验

学生在实际工作岗位上或模拟情境中见习、实习，体认职业角色，如军训、学工、学农等。它注重让学生获得对职业生活的真切理解，发现自己的专长，培养职业兴趣，形成劳动观念和人生志向，提升生涯规划能力。

（5）学会学习

学生通过多样化的方式探索，逐步养成想学习、爱思考的习惯，学会运用学科视角观察世界，愿意开动脑筋主动参与到学科学习活动中。学生在学习过程中尊重规则、尊重同伴，在不断尝试中找到适合自己的学习方式，获取新的发现，追求创新。学习用学科做事情，积极动手实践和解决实际问题，并为自己的行为负责。

二、基于核心素养的评价量表的具体实施

伴随着教育研究从"教学内容"转向"学生学习结果"，核心素养逐步指导并引领中小学课程教学改革实践。芳草地国际学校在实践中不断丰富量表内容，指导各学科的教育教学活动。

学校围绕核心素养及育人目标制定学生核心素养评价的第一个目标是"以评促长"。这个"长"主要指促进学生成长。将学生作为评价的对象，将评价内容由知识、技能、情感态度与价值观转化为学生的素养。七张量表从不同领域进行阐述，但均指向学生"学会学习"，即乐于求知、学会合作、充满好奇、回归生活。《教育——财富蕴藏其中》中提到教育的四大支柱概念，其中的学会求知与芳草课程基于核心素养的评价量表中"学会学习"的目标指向一致，即更重视学生的自主性、主动性和合作性。

学校围绕核心素养培养、育人目标制定学生核心素养评价的第二个

目标是"以评促教"。通过学生核心素养评价促进学校的教学改革。要想落实评价，需要更新理念，评价的结论会给师生以重要的启示，指导、约束教师的行为，使教师的教学观念发生变化，关注学生素养提升，推动教师采用新的教学方法，优化教学过程，提高教学质量，最终达到学生核心素养培养及育人目标落实的目的。

由此，我们开发了以下七个领域的学生核心素养培养评价量表（表5-3至表5-9）。

表 5-3 芳草课程道德领域学生核心素养培养评价量表

评价项目	评价要素	评价内容	评价权重			
			优秀	良好	合格	待合格
道德认知	感知获得	通过对日常学习生活和社会现象的观察、分析，初步获得对行为的是非好坏和善恶美丑的认识				
	思维发展	通过对道德现象的观察、思考、判断和推理，初步形成对道德现象的本质、特征、内部联系和发展规律的认识				
道德判断	认识自我	1. 能够认识到自身的优势与不足，清楚地表达自己的感受与见解，主动发挥自己的优势，反思自己的行为。 2. 总能用乐观美好的情绪情感对待人和事，乐于在群体中学习生活，懂得尊重、倾听与合作，学会换位思考				
	家国情怀	1. 知道家是最小国，国是最大家，懂得爱家爱国，具有民族自豪感。 2. 认识到人类只有一个地球，各国处于一个世界，初步形成人类命运共同体意识				

续表

评价项目	评价要素	评价内容	评价权重			
			优秀	良好	合格	待合格
道德情感	树立信念	1. 了解和认识社会道德规范，初步形成规则意识与守法意识，有强烈的践行社会道德规范的责任感。 2. 重视道德践履，不断提高个人修养，明白将利己与利他相结合才能使人生更幸福				
	做出选择	1. 能在具体情境中对是非好坏、善恶美丑做出判断，并自觉践行。 2. 能对自己的选择负责				
道德行为	诚信友善	1. 知道人与人之间应该真诚相待，在为人处世时能够做到诚实不欺、信守承诺。 2. 知道人与人之间相处要亲近和睦，在日常生活中能够做到善待亲人、朋友、他人、自然				
	遵规守纪	1. 能够如实讲述事实，遇到具体问题时能分析原因，以事实做判断，养成用事实说话的意识。 2. 能够以自觉、积极的态度在不同场合中遵守相应的规则与纪律				
学会学习	乐于求知	想学习，爱思考：学习用学科视角观察世界，愿意开动脑筋，主动参与学科学习活动				
	学会合作	会合作，显个性：自觉、主动参与到学习中，遵守规则，尊重同伴				
	充满好奇	能发现，求创新：在不断尝试中找到适合自己的学习方式，获取新的发现，追求创新				
	回归生活	乐实践，有担当：学习用学科做事情，积极动手实践和解决实际问题，并为自己的行为负责				

构建中西融合的芳草课程

北京市朝阳区芳草地国际学校遨游计划成果

表 5-4　芳草课程语言领域学生核心素养培养评价量表

评价项目	评价要素	评价内容	评价权重			
			优秀	良好	合格	待合格
语言实践	听与读	1. 通过听与读，很好地理解话语或文本蕴含的意图、观点和情感，提取有效信息。 2. 通过听与读，很好地把握话语或文本的主要内容，了解表达上的特点，具有初步的语感。 3. 具有独立阅读的能力，学会运用多种阅读方法，形成经验				
	说与写（译）	1. 能根据具体语境（语言情境）和任务要求，尝试运用自己获得的言语活动经验，有依据、有条理地表达自己的发现、观点和情感。 2. 热爱生活，运用常见的表达方式，传递意义和进行人际交流，抒发真情实感				
思维发展与提升	分析与综合	1. 能在阅读、表达等言语活动中，主动思考。 2. 运用分类、概括、比较、推理等方式，学习语言，认识事物，体会思想感情。 3. 了解表达方式，感受语言特点，具有初步的评判意识				
	联想与想象	1. 运用联想与想象，形成对客观事物的初步认识、对语言和文学形象的初步认识，体验丰富情感。 2. 能够在语言学习与运用中展开合理的联想和想象				

续表

评价项目	评价要素	评价内容	评价权重			
			优秀	良好	合格	待合格
文化传承与理解	理解与借鉴	1. 感受汉字之美、汉语的魅力，理解认同中华文化；理解不同民族、不同国家和地区的文化，吸纳优秀文化。 2. 能够根据自己的愿望和需求，通过口头和书面等语言形式，运用其他语言实现理解、表达和交流				
	积累与传承	1. 重视掌握语文知识，积累优美的、有新鲜感的语言材料。 2. 对中华文化感到自豪并主动传播				
学会学习	乐于求知	想学习，爱思考：学习用学科视角观察世界，愿意开动脑筋，主动参与学科学习活动				
	学会合作	会合作，显个性：自觉、主动参与到学习中，遵守规则，尊重同伴				
	充满好奇	能发现，求创新：在不断尝试中找到适合自己的学习方式，获取新的发现，追求创新				
	回归生活	乐实践，有担当：学习用学科做事情，积极动手实践和解决实际问题，并为自己的行为负责				

表 5-5　芳草课程数学领域学生核心素养培养评价量表

评价项目	评价要素	评价内容	评价权重			
			优秀	良好	合格	待合格
数学实践	问题解决	1. 从数学的角度发现问题和提出问题。 2. 综合运用数学知识解决问题,能用清楚的数学语言进行表述。 3. 获得分析问题和解决问题的一些基本方法,体现方法的多样性				
	技术运用	1. 具有学习、掌握技术的兴趣。 2. 主动尝试运用技术手段进行学习。 3. 调用多种资源进行学习				
	几何直观	1. 养成画图习惯,借助直观图把复杂的数学问题变得简明、形象。 2. 学会从"数"与"形"两个角度认识数学。 3. 掌握、运用一些基本图形解决问题				
数学思想	抽象	1. 从大量事物或现象中,抽取共同的本质和特点。 2. 利用概念、图形、符号、关系表述一类事物。 3. 建立法则或模型,并解释具体事物				
	推理	1. 从已有的事实出发,凭借经验和直观进行简单猜想。 2. 在数学活动中进行合情推理。 3. 从已有的事实和确定的规则出发,推断某些结果,发现、表达其规律				
	模型	1. 从现实生活或具体情境中,抽象出数学问题。 2. 用数学符号表示数学问题中的数量关系和变化规律。 3. 求出结果,讨论结果的意义,并回到现实情境中				

续表

评价项目	评价要素	评价内容	评价权重			
			优秀	良好	合格	待合格
学会学习	乐于求知	想学习，爱思考：学习用学科视角观察世界，愿意开动脑筋，主动参与学科学习活动				
	学会合作	会合作，显个性：自觉、主动参与到学习中，遵守规则，尊重同伴				
	充满好奇	能发现，求创新：在不断尝试中找到适合自己的学习方式，获取新的发现，追求创新				
	回归生活	乐实践，有担当：学习用学科做事情，积极动手实践和解决实际问题，并为自己的行为负责				

表 5-6 芳草课程科技领域学生核心素养培养评价量表

评价项目	评价要素	评价内容	评价标准			
			优秀	良好	合格	待合格
科技实践	提出问题	1. 能提出感兴趣的问题，并做出猜想。 2. 能提出可探究的问题，有依据地对所要探究的问题提出猜想或假设。 3. 能提出可探究的科学问题，并说明假设的依据				
	设计方案	1. 认识制定方案的必要性，能制定简单的方案。 2. 能制定出表述清楚、操作性较强的方案。 3. 能灵活地设计方案，并不断修正完善				

续表

评价项目	评价要素	评价内容	评价标准			
			优秀	良好	合格	待合格
科技实践	分析数据	1. 通过观察实验获取数据，并会记录、描述。 2. 能用图表等呈现方式对数据进行直观描述。 3. 能用科学语言、图表等方式表述探究结果				
	得出结论	1. 有基于证据和推理得出结论的意识。 2. 能依据证据进行有条理的分析，得出结论。 3. 能运用分析、比较、推理、概括等方法得出结论，并能判断与假设的一致性				
	交流评价	1. 能讲述探究过程与结论，并与同学讨论交流。 2. 能倾听别人的意见，在反思中做出自我评价与调整。 3. 采用不同的表述方式，呈现探究的过程与结论，能基于证据进行质疑、评价				
科学方法	技术方法	1. 了解观察、对比、转化、放大、分解、简化、附加、综合等方法。 2. 能综合运用上述方法，分析解决问题。 3. 能创造性地、灵活运用上述方法，进行科技实践与创新				
	思维方法	1. 了解分析、综合、比较、分类、抽象、概括、推理、类比等方法。 2. 能综合运用所学思维方法解决真实情境问题。 3. 能创造性地、灵活运用上述方法，进行科技实践与创新				

续表

评价项目	评价要素	评价内容	评价标准			
			优秀	良好	合格	待合格
科学态度	好奇	1. 对周围环境中与科学有关的事物产生兴趣。 2. 乐于开动脑筋主动参与科技实践活动。 3. 保持对事物持续的探究兴趣				
	求实	1. 能如实讲述事实，养成用事实说话的意识。 2. 不急于下结论，分析原因，以事实做判断。 3. 不迷信权威，面对证据，能够调整自己的观点				
	合作	1. 有合理分工意识，尊重他人的情感和态度。 2. 积极参与交流和讨论，乐于分享，尊重他人观点。 3. 相互帮助共同完成任务，勇于承担责任				
	创新	1. 尝试多角度、多方式认识事物。 2. 乐于尝试运用多种材料、思路、方法完成科学探究。 3. 善于从不同角度思考问题，追求创新				
学会学习	乐于求知	想学习，爱思考：学习用学科视角观察世界，愿意开动脑筋，主动参与学科学习活动				
	学会合作	会合作，显个性：自觉、主动参与到学习中，遵守规则，尊重同伴				
	充满好奇	能发现，求创新：在不断尝试中找到适合自己的学习方式，获取新的发现，追求创新				
	回归生活	乐实践，有担当：学习用学科做事情，积极动手实践和解决实际问题，并为自己的行为负责				

141

表 5-7 芳草课程健康领域学生核心素养培养评价量表

评价项目	评价要素	评价内容	评价标准			
			优	良	合格	待合格
运动能力	基础知识	1. 了解奥林匹克运动的相关知识。 2. 了解多种动作术语或动作名称。 3. 了解多项运动技术的相关要求				
	运动技能	1. 体验多项运动,初步学会动作方法。 2. 善于将所学运动动作运用到体育运动中。 3. 能够将所学运动动作在体育活动与比赛中完美展现				
	发展体能	1. 自觉参加体育锻炼,体能素质发展迅速。 2. 合理选择体能锻炼内容,促进体能科学发展。 3. 自主参与体育运动,全面发展体能与健身能力				
健康行为	锻炼习惯	1. 主动参与体育锻炼,养成良好的锻炼习惯。 2. 积极参与各项体育活动,量身选择锻炼内容与方法。 3. 构建共同锻炼、共同提高的环境,培养终身锻炼意识				
	适应能力	1. 在体育活动中乐于交流与合作。 2. 肯于接受同伴与教师的帮助与指导。 3. 坦然面对困难与挫折,积极思考应对措施				
	身心和谐	1. 具有良好心态,助力个人成长。 2. 缓解身心疲劳,提高保护意识。 3. 学会调控情绪,营造和谐氛围				

续表

评价项目	评价要素	评价内容	评价标准			
			优	良	合格	待合格
体育品德	体育精神	1. 在体育运动中表现出积极进取、勇攀高峰的精神。 2. 在体育活动中表现出勇敢顽强、持之以恒的精神。 3. 在体育竞赛中表现出挑战自我、团队奋进的精神				
	体育品格	1. 乐于参与体育运动，主动探索、不断追求。 2. 积极参与体育活动，友好交流、相互协作。 3. 踊跃参加体育竞赛，善于合作、相互激励				
	体育道德	1. 体育运动中表现出刻苦学练、共同进步。 2. 体育活动中表现出自我完善、同伴协作。 3. 体育竞赛中表现出尊重对手、公平竞争				
学会学习	乐于求知	想学习，爱思考：学习用学科视角观察世界，愿意开动脑筋，主动参与学科学习活动				
	学会合作	会合作，显个性：自觉、主动参与到学习中，遵守规则，尊重同伴				
	充满好奇	能发现，求创新：在不断尝试中找到适合自己的学习方式，获取新的发现，追求创新				
	回归生活	乐实践，有担当：学习用学科做事情，积极动手实践和解决实际问题，并为自己的行为负责				

构建中西融合的芳草课程
北京市朝阳区芳草地国际学校遨游计划成果

表 5-8 芳草课程艺术领域学生核心素养培养评价量表

评价项目	评价要素	评价内容	评价权重			
			优秀	良好	合格	待合格
艺术感受	情感体验	1. 了解艺术作品所传达的思想感情、情绪意境，受到感染。 2. 在艺术感受的过程中，情感产生共鸣，体验参与艺术活动的快乐				
	欣赏评述	1. 通过对艺术作品和现象进行观察、描述和分析，形成审美情趣和欣赏能力。 2. 能够理解艺术作品所表达的内涵，用学科语言简单评述				
艺术实践	知识技能	1. 具有参与不同门类艺术实践的经历，学习音乐、美术、舞蹈、戏剧、书法等艺术的基础知识和基本技能。 2. 通过艺术实践活动，懂得均衡、对称、比例、节奏等主要艺术规律，掌握艺术表现手法				
	艺术表现	1. 能够运用已有知识、经验、思维方式，围绕主题，用艺术的方法、形式表现出来，完成自己的艺术作品。 2. 学会和同伴分享艺术成果，并从中获得快乐				
艺术创造	综合探索	1. 学习多层次、多角度、多方式进行艺术探索，借助合作、交流，完成艺术作品。 2. 在艺术实践活动中，学会借鉴、运用其他各学科知识技能，采用多种艺术手段表现主题				
	个性发展	1. 感受和体会艺术美，开拓思维，发挥想象，用适合的方式表达自己的艺术感受。 2. 提高审美情趣，展现艺术个性，形成乐观向上的生活态度				

续表

评价项目	评价要素	评价内容	评价权重			
			优秀	良好	合格	待合格
学会学习	乐于求知	想学习，爱思考：学习用学科视角观察世界，愿意开动脑筋，主动参与学科学习活动				
	学会合作	会合作，显个性：自觉、主动参与到学习中，遵守规则，尊重同伴				
	充满好奇	能发现，求创新：在不断尝试中找到适合自己的学习方式，获取新的发现，追求创新				
	回归生活	乐实践，有担当：学习用学科做事情，积极动手实践和解决实际问题，并为自己的行为负责				

表 5-9 芳草课程综合实践活动领域学生核心素养培养评价量表

评价项目	评价要素	评价内容	评价权重			
			优秀	良好	合格	待合格
考察探究 社会服务	主题确定	1. 从实际生活中发现有关自然和社会的具体问题。 2. 自主选择有价值、可研究的问题确定为研究或服务主题。 3. 认真观察，积极思考，主动发表意见，提出自己的看法				
设计制作 生活体验	创意方案	1. 大胆提出自己的新观点、新思路、新方法。 2. 能科学合理地制定解决问题的方案与策略。 3. 运用各种工具、工艺(包括信息技术)进行设计				

构建中西融合的芳草课程
北京市朝阳区芳草地国际学校邀游计划成果

续表

评价项目	评价要素	评价内容	评价权重			
			优秀	良好	合格	待合格
考察探究 社会服务 设计制作 生活体验	角色定位	1. 积极参与，找到适合自己的位置，主动承担任务，乐于体验。 2. 具有与人沟通合作的愿望与能力，耐心听取他人意见。 3. 有社会责任感，能以自己的劳动满足社会组织或他人的需求				
	实践技能	1. 根据分工，自主选择工具，能够比较熟练地运用信息技术。 2. 能够有意识地借助学科学习解决问题。 3. 与主题相关的动手操作技能及创新表现突出				
	问题解决	1. 运用观察、访谈、实验等方法进行探究，主动获取资料。 2. 能够将经过处理的信息恰当地应用到问题解决的过程中。 3. 努力完成自己所承担的任务，并分享活动经验				
	交流展示	1. 能以不同方式创造性地表述活动的成果体验与感受。 2. 作品展览体现合理性、新颖性、实用性、美观性，突出创新性。 3. 在交流、展览中广泛听取意见并反思改进				

续表

评价项目	评价要素	评价内容	评价权重			
			优秀	良好	合格	待合格
学会学习	乐于求知	想学习，爱思考：学习用学科视角观察世界，愿意开动脑筋，主动参与学科学习活动				
	学会合作	会合作，显个性：自觉、主动参与到学习中，遵守规则，尊重同伴				
	充满好奇	能发现，求创新：在不断尝试中找到适合自己的学习方式，获取新的发现，追求创新				
	回归生活	乐实践，有担当：学习用学科做事情，积极动手实践和解决实际问题，并为自己的行为负责				

三、基于核心素养的评价量表的使用

芳草课程的评价量表是促进芳草课程目标达成的重要环节，也是课程管理的重要手段，在实施过程中发挥着导向和监控作用。通过评价可以及时指导和帮助学校、师生改进教与学的活动，促进课程和课堂活动不断发展和完善，促进学生发展和教师专业不断成长。同时，通过评价还可以反映学校课程实施的教学质量和管理的观念与水平，从而促进课程教育教学质量不断提升。学生核心素养培养评价量表主要用于：指导教师备课，把握学科本质；观察课堂实施，监控教学质量；对标核心素养，提升教师学科素养。

（一）指导教师备课

学生核心素养培养评价量表结合课程标准，分别从评价项目、评价要素、评价内容、评价权重为如何在课堂上落实学生核心素养培养提供了参考。七张量表从学科出发设计评价项目和评价要素，以学生发展为目标，细化评价内容，为教师备课指明方向。下面以道德领域为例进行说明。

构建中西融合的芳草课程

北京市朝阳区芳草地国际学校遨游计划成果

芳草地国际学校借助道德领域的课程以期达到培养标准，出台了芳草课程道德领域学生核心素养培养评价量表，以期从"道德认知""道德判断""道德情感""道德行为""学会学习"五个方面促进学生的发展。其中"道德认知"的评价要素包括：感知获得、思维发展。对学生道德认知的培养，我们在课程实施过程中主要关注学生道德印象的获得和思维的发展，即通过学生对日常学习生活和道德现象的观察、分析、判断和推理，使其初步获得对行为的是非好坏和善恶美丑的认识，并形成对道德现象的本质、特征、内部联系和发展规律的认识。教师在儿童哲学课堂上进行诚信教育教学设计时，紧紧围绕评价要素，把"一切从实际出发""实事求是"的哲学道理转换为学生可以接受的表达方式——"想问题做事情要从本来的事实出发"，以日常学习生活现象作为案例分析，引导学生形成正确的道德认知，由此产生了以下儿童哲学课堂诚信教育设计案例。

课堂上，教师巧妙地借助学生生活中常见的道德问题"值日生查到本班同学没戴红领巾时该不该记名字"情境导入本课，先将这样一个道德两难问题抛给学生，然后通过学生喜闻乐见的故事形式，将逐层深入的问题抛给学生讨论，进而引导学生对诚信及其意义形成循序渐进、由浅入深的认识。通过学习，学生对于"值日生查到本班同学没戴红领巾时该不该记名字"这一问题的答案已达成共识，促进了学生在诚信问题方面道德认知的发展。

（二）观察课堂实施

课堂观察是教学评价的基础，只有对课堂进行真实、详尽的观察，才能客观、公正地开展对课堂教学的评价。观察的结果一般是以评价量表上的内容记录与具体得分或评价级别为主，然后通过评价量表上的分数或评价级别以及针对各个评价要点的符合程度把实际评课情况反馈给授课教师，以达到改善与提高的作用。

首先，评课人事先拿到相应学科的学生核心素养培养评价量表并熟悉评价内容和评价规则；其次，评课人根据授课教师所提供的纸质材料初步了解课题内容、教学目标、教学基本点和教学过程等系列安排；再次，评课人边观察课堂教学实际情况，边在评价量表中记录，对比课堂教学环节设计及师生课堂表现，做出相应判断；最后，评课人与授课教师面对面交流或通过评价栏内的优缺点、建议意见记录展开讨论。下面以数学领域为例进行说明。

芳草课程数学领域学生核心素养培养评价量表包括"数学实践""数学思想""学会学习"三个评价项目。学生数学素养的培育以学科活动为主要途径，以真实情境下的问题解决为主要方式。数学的基本思想是数学产生与发展必须依赖的思想。基本的数学思想应该是普适性的、一般性的、数学学科特有或者比较突出的数学思想，是数学中的核心思想。以芳草地国际学校王薏校长的数学课"田忌赛马"说明如何在课堂上训练学生的数学思想（图5-7）。

图5-7 "田忌赛马"现场课

在进行人民教育出版社出版的《数学 四年级 上册》相关内容教学时，通过《田忌赛马》这个故事让学生体会对策论方法在实际中的应用。通过对学情分析，由于有的学生对《田忌赛马》的故事内容有一些了解，所以在教学中如果仅局限在《田忌赛马》的故事本身，会不利于学生从对策论的角度解决这类问题。为此，教学中教师把学生的已有经验作为解决问题的重要资源，采用了练习中"比扑克牌大小"的游戏代替《田忌赛马》作为贯穿课堂的主要学习材料。这样不仅能极大地激发学生的好胜心，让他们有强烈的探究欲望，还可以让学生在活动中进行猜、摆、比、议，积累丰富的数学活动经验，克服"策略皆知"和"知其然而不知其所以然"的弊端。一是游戏贯穿点燃智慧。教师设计了四次"比扑克牌大小"的游戏，学生在做中悟、悟中思。第一次——师生玩牌，激发兴趣。以"比扑克牌大小"的游戏引入，吸引学生积极主动地参与数学活动，激发学生的探究需求与欲望。第二次——小组玩牌，寻找策略。通过展示小牌获胜的情况，使学生在发现规律的过程中找到小牌获胜的策略。第三次——组内再玩，补充策略。学生在活动中认识大牌先出是小牌获胜的重要条件。第四次——调换小牌，完善策略。小牌要有两张比大牌大才能获胜。实践是认识的基础，实践活动助推思维发展，点燃学生智慧。二是对话引领碰撞智慧。对话1："大牌的出牌顺序不同，可怎么都是小牌获胜呢？"——经历抽象与推理。对话2："如果小牌先出，结果又会是怎样呢？"——在质疑中思辨。对话3："大牌先出，小牌要获胜。如果允许小牌换一张牌，但不能比原来的大，你们准备怎么换？"——在比较中完善。三是聆听故事延伸智慧。玩牌游戏中小牌获胜与《田忌赛马》有什么相同之处？让学生从本质上体会二者的"同"，从而加深对策略的理解和内化。教师将课堂中的学习内容与生活建立联系，引导学生深入思考问题，概括归类，从而促进学生思维的发展与提升。

（三）对标核心素养

七大领域学生核心素养培养评价量表不仅可用于指导教师备课、观察评课，而且也能帮助教师反思自己的课堂，对标量表自查是否体现学科素养，落实学生的核心素养培养。评价量表也是教师自我成长的一种重要辅助方式。下面以芳草地国际学校张龙校长的诗词教学研究为例进行说明。

芳草课程语言领域学生核心素养培养评价量表从"语言实践""思维发展与提升""文化传承与理解""学会学习"四个方面进行具体要求。执教《渔歌子》《泊船瓜洲》《秋思》《十五从军征》等诗词课后，张龙校长对如何进行小学课堂的古诗词教学进行了反思。

第一，建构语言的基础——关注诵读。

诵读是一切诗词学习的基本方法。诵读，是儿童深入学习语言、理解语言的最有效的途径。学习诗词的目的不是获取知识，而是经历一种精神成长的体验。在《渔歌子》一课教学中，能不能把动静结合的画面、色彩明丽的画面诵读出来是关键；在《秋思》这首诗中，一定要把"见秋风""意万重""说不尽""又开封"的意境诵读出来；在《十五从军征》这首汉乐府诗中，一定要把老兵内心的情感变化诵读出来。诵读是学习诗词的根，是学习诗词的魂。

第二，建构语言的方法——关注想象。

《十五从军征》是一首汉乐府诗。在这首诗词的教学中，应该让学生感知到老兵内心的情感。运用想象，使情感得到共鸣，学生才能够走进老兵的内心世界。教学片段如下。

师：当他看到"遥看是君家，松柏冢累累。兔从狗窦入，雉从梁上飞。中庭生旅谷，井上生旅葵"的时候，他一定是想到65年前，那曾经的画面，他会想到什么？

生1：他会想到65年前与父母一起无忧无虑的生活，在院子里与兄弟姐妹自由嬉戏、玩耍，临行时母亲还在不顾白天黑夜为他赶制衣服。

生2：65年前，院子里百花齐放，母亲每天为这些花浇水，他和朋友一起高兴地爬树，那是多么美好啊！

师：可是现在呢？——中庭生旅谷，井上生旅葵。

生3：65年前中秋节，全家人团圆而坐，一起吃饭、玩耍、赏月。多么惬意啊！

师：那样的日子永远不会有了，我们看到的却是——兔从狗窦入，雉从梁上飞。

师：如果带着这样的想象，我们再来读这首诗，你又该怎么读呢？

构建中西融合的芳草课程
北京市朝阳区芳草地国际学校邀游计划成果

　　学生之所以读不好古诗，是因为学生始终走不到诗人的内心情境中去。如果走向了内心，走进了情境，学生一定会让自己和作者产生情感共鸣，让生命感动。如何激活学生的情感？一定要给学生创设一个思维活动的途径，也就是把15岁的少年和80岁的老人联系起来，引导学生想象，在反差中冲击学生的心灵。

　　第三，建构语言的内核——关注思维。

　　《泊船瓜洲》这首诗包含三个地名，分别是京口、瓜洲、钟山，可以让学生标画这三个地点的位置。标注的过程，其实是思维的呈现，学生必须要知道一个特别重要的知识点，那就是地图的认知：上北、下南、左西、右东。这样，语文课就用上了数学课的知识，学生的思维得到了发展，得到了锻炼。王安石此时在哪儿看到的这幅景象呢？可以让学生充分猜测，这也是在发散学生的思维。最后得出结论，王安石在瓜洲看到的这些景象，因为题目为"泊船瓜洲"。而且，诗句内容中也有提示"春风又绿江南岸"，说明王安石此时在南岸，也就是在瓜洲这个位置。当学生能够完整地表达意思的时候，当学生能够理解地点的时候，学生的语言就得到了发展。

　　第四，语言的建构与运用。

　　语言的发展是有一个过程的，应该从积累语言到交流语言，再到梳理整合语言。在古诗教学中，也应把握这样一个过程。古诗是最经典的语言，是最有魅力的文化符号，应该让古诗浸润我们的心灵，融入我们的血液。

　　关注诵读、关注想象、关注思维、关注运用，让学生不仅在语言实践中习得语言，而且在分析与综合、联想与想象中发展和提升思维，通过诗词学习传承中国优秀传统文化。评价量表为如何进行教学反思提供了方向。

　　课程实施关系到课程构建的成败，也是课程合力构建的最有力的说明。因此，学校加强了课程的过程性评价，利用课程的实施不断提高教师的业务水平及学生自主学习的能力，强调教师对自己教学行为的分析与反思，建立了教师自评为主，校长、教师、学生、家长共同参与的评价制度，使教师从多种渠道获得信息，不断提高教学水平。同时，课程建设取得的成果要看课程的最终受益者——学生的发展情况。基于核心素养培养学生的综合能力，我们期望实现全面育人的教育，落实国家和芳草地国际学校的育人目标，为学生参与未来竞争储备关键能力。

第六章

探索芳草课程的管理机制

第六章 探索芳草课程的管理机制

在教育改革的推进中，面对集团化办学的挑战，芳草集团理性地分析整体优势，以理念创新带动为引领，以课程创新架构为品牌，以学术创新管理为驱动，以教师创新发展为途径（图6-1），探索优质教育均衡发展的效益最大化。集团弘扬芳草办学理念和宗旨，推进科学管理。集团课程管理在形成稳定运行机制的基础上，以文化凝聚、旗舰示范、特色共创、规划导向、标准导行、课程共建、资源共享、层级负责为管理策略，构建目标明确、标准统一的质量评价体系，形成集约式管理模式，全方位保证课程质量、教师质量、学生质量的高位稳定。

图6-1 芳草教师手册

课程建设是集团办学理念的体现、办学品质的标志，是所有教育教学工作的核心。集团通过明晰课程理念、重构课程管理、集聚课程资源，以"国家课程校本化实施"为主旨，对现有课程进行全面诊断、再架构，形成"中国情怀、国际视野"的芳草课程体系。

为了保证课程全面、有效地落实与实施，集团构建起"两层三级"的学术组织机制，从课程规划、课程设定、课程开发、课程实施，到课程评价、课程修订、课程交流进行系列组织、管理、评价、反馈。

构建中西融合的芳草课程
北京市朝阳区芳草地国际学校遨游计划成果

第一节 集团管理

随着我国经济和教育事业的发展，基础教育阶段"有学上"的问题已经基本解决，"上好学"的问题成为主要矛盾。面对教育现状，《国家中长期教育改革和发展规划纲要（2010—2020年）》已经明确将"教育公平、教育均衡"作为了最为重要的核心政策内容。第四章第九条指出"推进义务教育均衡发展。均衡发展是义务教育的战略性任务"。如何保证政策落地？上述纲要也给予了正面回应，第十四章第四十二条指出"扩大优质教育资源，增强办学活力，提高办学效益。各地可从实际出发，开展公办学校联合办学、委托管理等试验，探索多种形式，提高办学水平"。集团办学是教育改革的举措之一，也是寻求教育均衡化办学的主要趋势，通过集团办学，扩大优质学校的服务半径、覆盖半径，彰显教育公平和实现教育效益最大化。2008年前后，芳草地国际学校在上级领导和有关专家的指导下，经过反复论证和深入研究，认为：现行管理模式已经不能适应学校的发展，必须通过改革实现集团化办学，以利于发挥品牌优势，扩大优质教育资源辐射作用，保证学校科学发展和可持续发展。2008年7月，学校由芳草地小学正式更名为北京市朝阳区芳草地国际学校。

一、集团化办学模式

芳草地国际学校积极探索具有芳草特色的集团化办学模式，实施集团化办学、集约式管理，形成了共同的价值观，即统一的办学理念、统一的育人目标、统一的管理办法、统一的质量标准、统一的组织文化、统一的品牌标识，形成了利益共同体，以共享办学品牌资源，包括人力资源、物力资源、智力资源、社会资源、信息资源等。为此，集团系统梳理学校文化，拓展学校文化领域，努力构建具有芳草特色的学校文化体系，进一步提高学校学术地位和文化品位；建立公办国际学校集团化管理模式，形成一套相对稳定的行政管理运行机制，以保证人、财、物、事管理到位，运行顺畅；构建一套相对统一的质量管理基本标准，以保证课程质量、教育质量高位稳定。

集团化办学举措，扩大了优质教育资源在区域内的覆盖，促进了校区间教育资源整合和学校教育在管理、文化、教师发展等方面的变革，保证了学校教育教学质量，在提升芳草品牌方面发挥了举足轻重的作用。

图 6-2 为芳草地国际学校集团管理的组织机构图。

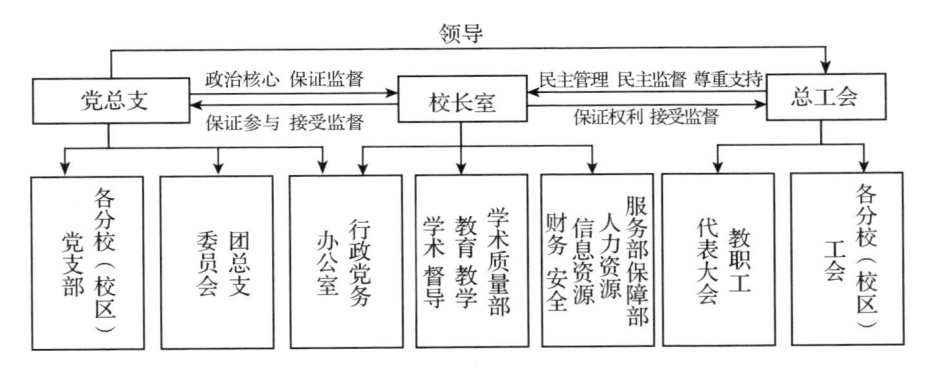

图 6-2　芳草地国际学校集团管理的组织机构图

二、集团化办学特色

如何通过集团化办学，保证所属校区高位均衡？我们明确以下策略：文化凝聚、旗舰示范、特色共创、规划导向、标准导行、课程共建、资源共享、层级负责，借此，规范集团化办学，深化集约式管理。

（一）文化凝聚

文化建设于集团化管理极其重要。带着这样认识，我们认真梳理了学校 50 余年的办学史，经过深入调研，形成如下共识：国际化是"芳草教育"的神圣使命，规范化是"芳草教育"的有力保障，信息化是"芳草教育"的发展趋势，集团化是"芳草教育"的必然选择。明晰了办学特征，学校也就有了准确定位。在此基础上，我们进一步明确了学校的育人目标：培养具有"中国情怀、国际视野"的芳草学子，这样的孩子一定要热爱中国、关爱世界，要自信乐群、充满活力，要会学善用、充满好奇。育人目标的明确为学校教育教学管理指明了方向。

此外，我们提出"易知易行、和而不同"为学校的管理理念。关于"易知易行"要做到"尊重规律、尊重计划，立足常规、立足特色，遇事三思、整合为佳，敢于放弃、舍即是得"。"和而不同"要形成32字共识，即"和实生物、同则不继，守正出新、成己成人，包容尊重、选贤与能，美美与共、芳草大同"。

立足学校发展特征、育人目标和管理理念，我们获得了对学校未来发展的系统思考：以芳草文化为凝聚，坚持国际化办学特色，整体构建价值体系、育人体系、质量标准体系、家校社会互动体系，全面提升芳草办学水平。

（二）旗舰示范

一个教育集团往往是基于一所名校发展起来的。这所名校往往是这个集团中最核心的部分，就像一支舰队中的旗舰一样。"芳草教育"集团正是基于芳草地国际学校半个多世纪的办学积淀而一步步发展出今天一校八址的办学规模。实施旗舰策略之先，我们深入剖析"旗舰"点，确定其为学校形象、教师形象、学生形象的"旗舰"的代表，更好地彰显芳草品牌，并全面规划，精心打造，使其成为办学质量的旗舰，在出名师、育英才方面起到引领作用，在管理方面、办学特色建设等方面成为引领的旗舰，带领整个集团扬帆远航。

（三）特色共创

从办学之初到现在，芳草毫不动摇地坚持走开放办学的发展道路，以持之以恒的探索与实践，见证了首都基础教育国际化发展的脚步，在我国基础教育史上留下了清晰的足迹，其国际化办学经验也将成为学校进一步发展的宝贵财富。因此，坚定不移地坚持开放办学，走具有芳草特点的国际化办学道路，理应成为"芳草教育"集团所属校区立足实际、面向未来的必然选择。

"芳草教育"集团深入总结和梳理学校涉外教育的历史、早期国际教育的发展过程与辉煌成就，在课程设置、学生管理、教师管理等方面做深入的研究，在研究中探索规律，达成共识，以服务于学校教育教学改革和管理实践。集团奠定高质量"芳草教育"，培养未来国际化人才，这样的孩子应该既具备东方传统的优势，即崇尚读书、集体意识强、认同规范、学习刻苦、理解水平高、逻辑思维强等，又能吸纳西方教育精华，知识面宽，实践能力、适应性、独立性强，个性特点鲜明。《国家中长期教育改革和发展规划纲要（2010—2020年）》明确提出要"扩大教育开放"与"加强教师队伍建设"，为此，集团借鉴国际化教师专业标准，助推芳草名师工程，推进教育国际化，建设高素质的教师队伍。

（四）规划导向

方向永远比速度重要，集团化办学尤要重视规划导向策略。集团发展规划如何能有助于办学目标、育人目标的达成，如何针对学校发展的整体性、长期性、基本性问题给出有效解决办法？为此学校整合各方面的资源制定了详细的"'十二五'发展规划"，在此基础上，分别制定"三年行动计划""教师队伍发展计划""信息化发展计划"等各方面的规划，力争把学校发展规划落实到每个校区、每个部门、每个项目之中。在规划管理中，我们首先强调刚性，对于规划中的工作不是可有可无，也不是可做可不做，必须要严肃、严格、严谨地执行；其次，执行的过程和结果要能控制且不断修正，在规划执行中，从集团管理层面，我们明确提出"计划管理"，分别做好"按规划制订计划""按计划开展工作""对照计划看成效""分析结果反思计划"等几个阶段的工作，扎实推进规划落实，促进学校不断发展。

（五）标准导行

制定质量标准是适应国际化大趋势的必然选择，可以有效提高管理

构建中西融合的芳草课程
北京市朝阳区芳草地国际学校遨游计划成果

水平，使管理规范化、制度化、科学化、有效化。我们针对学校实际，着眼学校发展，明确时、空、人、事、责等具体指标，构建以芳草文化为引领的、促进各方面工作的"芳草教育质量标准体系"。这个体系包括"领导力管理""执行力管理""规划管理""计划管理""学术管理""资源管理""安全管理""结果管理"8个方面34个项目。为提高对标准体系的理解力和执行力，学校建立了"总校—校区"两个层次的标准讲解团，利用干部会、校务会、教师培训会等各种层次的会议进行标准解读和宣讲，让每个干部和教师正确理解标准的内容和评价方式，为实施标准做好准备。

制定学校教育质量标准，我们关注学校质量的各个环节，重视师生中心，以人为本，重视结果管理，以终为始，关注目标，有效落实，体现一种全面的质量观。当然，我们也清楚，任何标准都不会是一蹴而就的，"芳草教育质量标准体系"还需要在实施过程中不断完善。

（六）课程共建

课程在学校教育中处于核心地位，教育的目标、价值主要是通过课程来体现和实施的。针对学校实际情况和特点，我们以"国家课程校本化实施"的思路，整体构建具有芳草特征的课程体系，从实际出发，研究制定课程实施方案，广泛征求领导、教师的意见，宣传课程建设理念，确定课程实施的实验校、实验年级、实验班，制定相关制度，同时指导各部、各校课程建设工作。各校区根据学校实际，特别是师资构成情况，确立实施国家、地方、校本化研究的重点学科，确立各自主攻方向，由学术部牵头，配备市区级骨干教师等学科优秀教师，组成研究实施团队，确立重点研究人、重点实践的年级，运用科学的研究方法，有序推进。经过校区实践，汇总成功经验，确立新的实验校区，在集团所属校区中推广。为保证科学性，成立以集团管理组、指导组、学校发展顾问委员会、教师专业发展委员会人员为主要成员的芳草地课程体系构建评价组，负责各项课程标准的审核和对标评价的工作。

(七)资源共享

集团化办学在形成价值共同体的同时要形成利益共同体，共享办学资源。这个"资源"主要指品牌资源、人力资源、物力资源、智力资源、信息资源、社会资源等。

学校围绕芳草教育品牌的培育、传播、创新进行系统思考、设计、实践，并明确芳草品牌为总校共有，任何人、任何校区不得以任何形式出让学校品牌，凡签订合同、协议、联合举办活动等，必须经总校同意。在管理方面，人力资源部对岗位设置及职责、人力资源计划、招聘、甄选、培训、绩效管理、薪酬管理、人际关系等要素进行深入研究，建立相应机制，形成系列文本，指导各校有序工作。总校对物力资源，特别是标配以外的高值资源进行统一配置、使用，以集中核心力量，节俭、约束、高效办学。总校设立学术部、质量保障部等部门，集中教师、专家智慧，整合科研机构、学术团体、高校等社会力量对学生、对教育教学深入研究，引领各个校区、广大教师把握规律，做真正的教育。信息资源是集团化办学的重要支撑，且"共享信息"比"拥有信息"更有价值，为此总校建立数字化平台，采用科学的测量和分析工具来获取各种信息，并加以分析，为校区工作提供支撑。重视社会资源管理，建设学校、家庭、社会共营共赢体系，从家长资源、社区资源、社会资源三个方面系统构建，密切联系、协调，以完善和促进各个校区的管理。

(八)层级负责

为有序推进集团化管理模式，学校建立三个层级的管理机构：第一层级为总校，设立决策机构和专项管理职能机构，即成立校长室、书记室、办公室、质量部、学术部、信息部、人力资源部、后勤保障部、财务部、督导部十大办公机构，各部门明晰管理职能，发挥统筹、引领、支撑、督评的职能，高质量地服务于集约式管理和校区建设；第二层级为独立法人学校，按照国家和上级领导部门规定设立相应的内部管理机构，接受总校领导，对专职职能管理部门负责；第三层级为不具有独立法人资格的校区，直接由总校领导(表6-1)。

表 6-1　学校三级管理机构

层级	主要职能
总校	决策及专项管理，发挥统筹、引领、支撑、督评职能
独立法人学校	接受总校领导，设立内部管理机构，对专职职能管理部门负责
不具有独立法人资格的校区	直接由总校领导

作为一所承担国际教育任务的学校，芳草地国际学校自觉地从提高民族素质、增强国家综合实力的高度来审视教育，理性分析世界教育发展趋势，主动拥抱全球最先进的教育思想和教育理念，实现碰撞、对接、融合、超越。正是基于办学实践需要、实现教育管理现代化的需要，在一校多址的超大规模办学模式条件下，学校通过改革实行集团化办学，推进科学管理，发挥品牌优势，扩大优质教育资源辐射，促进自身可持续发展，为首都教育均衡发展贡献力量。

三、集团化课程管理

课程是学校教育的重要内容，是办学目标与育人目标的主要载体。我国第八次课程改革历经十年，在课程理念、教师培训、教材建设等方面收到成效，但是在三级课程的管理与凸显学校主体作用方面关注不够。实践证明，课程的实施绝对不是教教材，国家课程的实施必须充分考虑各地、各校、各师、各生的实际情况才能实现课程目标，进而实现各级目标，所以国家课程校本化实施是实际更是必然。按此思路，每所学校都要清晰自身情况，整体构建利于实现自己办学目标和育人目标的课程体系。芳草地国际学校以国家课程校本化实施、国际理解课程校本实践为主要思路，借鉴PYP课程理念，用"整合"和"拓展"的思想，构建科学与人文结合、中西文化结合、课内外结合、全面发展与个性发展结合的体现文化融合且充满活力的芳草课程体系，使芳草课程建设焕发勃勃生机。

(一)课程建设原则

1. 突出育人导向

学校提出要以促进文化理解和儿童健全人格为目的，践行国际理解，提升生命质量，培养具有"中国情怀、国际视野"的芳草学子。这样的学生应该热爱祖国、友好中国，应该尊重包容、友好世界，应该自信乐群、充满活力，应该会学善用、充满好奇。课程构建以目标为导向，整体研究课程设置，把国家(地方)课程、校本课程变为学校可操作的、体现学校发展特质的课程，突出尊重生命、尊重个性、尊重文化差异，通过回归生活，扩展视野，夯实学生的做人基础、知识基础、能力基础，切实通过课程实施达到育人目的。

2. 突出整合思想

"改变课程结构过于强调学科本位、科目过多和缺乏整合的现状"是课程改革的基本思想，"整合"也成为芳草地国际学校课程构建的重要指导思想。首先是学科整合：我们将国家课程、地方课程、校本课程整合到六大学科领域，即道德、语言、数学、科技、健康、艺术，六大主题探索，即我爱芳草地、可爱的故乡、美丽的中国、多彩的世界、我想去那里、唯一的地球中。其次是资源整合：学科资源整合，突出学科关联，以主题方式开展跨学科学习；学校、社区、社会资源的整合，实现社区、社会资源教学化；人力资源的整合，教师不再是独立的工作者，学生、家长、学科专家、社会贤达都成为合作者或利益相关者。最后是学习方式整合：根据特定的学习内容、学生特点，来设计适合学生发展的学习方式，如常规教学与虚拟班级的结合、网络学习与社会实践和书本学习的结合，学习方式多样且具实效。

3. 突出实践探究

自主探究课程设计突出学生主动参与、主动探究和实践，学校在努力将课程改革理念转化为教育实践过程中，一方面在课堂中贯彻自主探究的理念，另一方面立足于主题活动的开展，让学生在自主实践中变被动为主动，自主获得知识经验，提高学习能力和思维水平。学校努力拓展学生自主学习的时空，根据主题探究的需要，开发和利用家长和社区资源，让学生有更多的实践机会。

4. 突出国际化特色

学校自建校起，国际化就是"芳草教育"的神圣使命。我们通过具体的教育教学和学校管理落实教育国际化，把国际化的教育理念、教育追求与教育探索体现和渗透到学校办学实际中，同时将本民族的文化主动辐射出去，让更多的人领略到中国文化的独特经验。当不同肤色、不同语言和不同文化背景的学生汇聚到芳草地，带来的是中西文化的融合。外国学生对中国文化的渴求，中国学生对外国文化的向往，都是课程开发的良好资源。我们开发以"地球"为主题的研究性课程，通过基于网络的研究性学习，培养学生的自主合作探究能力，培养学生的现代信息素养，拓宽学生的国际视野，促使每个芳草学子形成"尊重包容、友好世界""自信乐群、充满活力""会学善用、充满好奇"的特质。

（二）课程组织管理

1. 学校课程管理委员会

学校课程管理委员会即学校校务委员会，是学校的决策机构。主要职责是讨论重大事项，研究落实上级指示精神的方案，研究内部管理机构的设置及职责范围，审议重大问题并做出决策。

2. 学校课程审议委员会

学校课程审议委员会，由集团管理组、指导组、学校发展顾问委员会、教师专业发展委员会人员组成。职责是审议学校课程建设过程中的重大决策，制定课程设置方案和课程实施方案，并检查与监督执行情况。

3. 集团质量管理部

集团质量管理部，是领导学校教育教学工作的核心部门，负有质量管理和过程监控双重责任。集团质量管理部重点围绕贯彻质量标准、加强过程监控、规范教学行为、提高教学质量、构建经验体系、实现教科研训一体化开展工作。

4. 集团学术管理部

集团学术管理部，是学校学术机构学术研究的主管部门，工作目标指向提高学校学术地位和文化品位，主要承担教师教育、队伍建设、教育科研、教育教学思想库建设等重要责任。主要职责是围绕学校中心工作开展教育科研和学术活动，积极做好课程开发工作，开展课程教材建设和师资建设，依托教育科研年会、学术研讨活动等途径推广教师优秀教育教学成果。

5. 集团学科大组

同一学科大组由芳草集团所属各校区的同一学科教师组成，由学科大组长牵头负责。主要职责是组织同学科教师对学科课程及教学进行深入研究，分配研究任务，开发利用学科课程资源，平衡教学进度，研究教学方式方法及学生学习方法，对学生的学习质量做出评价。

6. 校区教育教学处

校区教育教学处，是集团所属各校区的校区课程管理部门。主要职责是根据芳草集团课程设置方案和实施方案，结合本校区实际，合理而有序地安排课程，对各教研组的工作计划和执行情况进行检查、评估，组织、协调各教研组与年级组的关系，落实各项课程管理措施。

7. 校区教研组（或年级组）

校区教研组（或年级组）是学校课程研究及开展的最基本研究团体，根据学校的整体安排，校区教研组（或年级组）制订好学年及学期的教学进度计划、教学研究计划和学生活动计划，确保完成学校课程管理的各项要求，及时反映课程实施过程中出现的问题及教师的需求，研究学生的实际情况，协调各学科教师之间的关系，组织交流、合作，实现资源共享，形成课程合力。

图 6-3 是芳草集团课程组织管理的设置图。

```
          学校课程管理委员会
                ↓
          学校课程审议委员会
           ↓           ↓
    集团质量管理部    集团学术管理部
           ↓           ↓
    校区教育教学处    集团学科大组
                ↓
          校区教研组（或年级组）
```

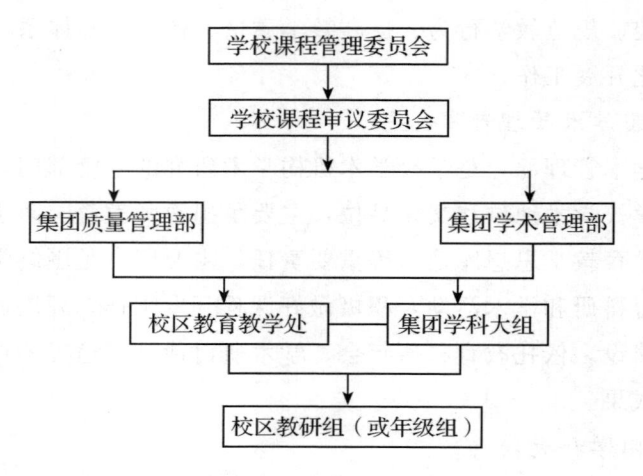

图 6-3 芳草集团课程组织管理设置图

（三）课程实施管理

1. 以育人目标为导向，整体构建课程的顶层设计

芳草地国际学校梳理自身办学历史、优势与劣势、办学特点等，明确办学目标、育人目标、发展方向等，制定了"'十二五'发展规划"和"三年行动计划"，明确提出"以'国家课程校本化实施'为基本思路，借鉴和吸取国际公认的 IB 课程中的 PYP 课程理念，整体构建体现'科学与人文结合''中西文化结合''课内外结合''全面发展与个性发展结合'的国际化芳草课程体系"。在各级专家的有力支持下，学校制定了"芳草地课程设计方案"和"芳草地课程实施方案"，有力指导全校的课程实施工作。

2. 有效运用四种措施，"四位一体"构建实施

首先，"忠实"于国家课程，对国家课程进行系统、深入的学习和贯彻，进行校本化处理；其次，进行"整合"，将三级课程整合到六大领域——道德、语言、数学、科技、健康、艺术之中，确定具有国际化特色的领域目标；再次，进行"拓展"，依据育人目标，在已有课程基础上，总结和开发针对性课程，旨在发展学生兴趣和特长，提升综合素养；最后，规划"创生"课程，以"主题探索"为主要形式，进行线下和线上的同步学习，转变教学方式，实现课程目标。在课程构建过程中，整合干部、教师、家长、学生四方面的智慧和力量共同推进。

3. 以整体设计为指导，"三线并进"实施课程

课程体系的形成，必须贯彻到各个学科中，方能让课程思想落地。按照"从集团到校区""从整体到学科""从课堂到学生"的"三线并进"实施策略，学校在科技、语言等学科进行了"学科课程纲要"的设计，从"学科发展和定位"到"学校学科建设思路"，再到"学科课程结构"和"学生学科学习评价标准建立"等几个方面全面设计，统一了教师对学科本质的认识，增强目标性和实施的自觉性。

4. 发挥集团办学优势，稳步推进课程实施

课程实施涉及学校的正常教学秩序和师生的校园生活，因此，在教师岗位确定、学生课程选择、家长认同性等方面存在一定的风险性。另外，在课程实施中，教学资源能否及时到位、教材编写的水平高低等也会影响项目的推进。对此，学校充分发挥自身集团化办学的优势，分别让八个校区同时分担课程实施任务，每个校区开展一个领域的课程实施，提炼有效经验，进行分享共建。通过"分"把风险降低到最小，再通过"合"，促进课程建设的整体推进。

5. 研究课程评价，完善芳草质量标准建设

学校始终坚持这样的理念：只有每个教师都理解的课程才是好课程；只有每个学生都受益的课程才是好课程。学校在课程设计的基础上，狠抓知行课堂建设，要求每位教师"知课程，行课程"，制定"芳草地国际学校知行课堂教学标准"，用"学生受益程度"的标准来检验课程实施的效果，从终端反思、评价课程建设，进而改进课程整体的建设。《国家中长期教育改革和发展规划纲要（2010—2020年）》指出：树立以提高质量为核心的教育发展观，注重教育内涵发展，鼓励学校办出特色、办出水平，出名师，育英才。如何评价学校的办学特色？关键看育人，而课程改革的出发点和归宿的着力点就是学生的全面发展、特色发

展，所以学校特色最终应体现在课程建设上。

6. 建立保障措施，为课程开展保驾护航

为了保障芳草课程能够有效落地实施，学校成立了学校课程管理委员会、学校课程审议委员会等组织机构，为芳草课程实施提供了组织保障。在经费保障方面，学校设有芳草课程专项资金，专款专用，加强芳草课程各个领域的研究推进以及各个校区的课程建设、教师培训、课程实施与开发等。学校还建立了集团和校区不同层面的教研制度、培训制度、教科研年会制度、教学常规管理制度、教育教学质量督导制度等相关机制，为芳草课程的实施提供了制度上的保障。

第二节　学术管理

学术管理是管理学术事务和活动。这里特指在学校课程建设中对课程事务和课程活动的管理，包括课程规划、课程开发、课程实施、课程修订、课程评价、课程交流、课程设定等一系列的管理。

对于课程建设的学术管理，必然与学校整体的办学目标、办学理念、课程建设的宗旨，以及整体构建课程体系与实施中的组织、制度、机制有着密切的联系。

一、学术组织机构建设

（一）"两层三级"的学术组织构建

芳草集团日益庞大，芳草课程的研究逐渐走向成熟，为了提升科研学术实力，创造良好的科研环境和浓厚的学术氛围，完善芳草课程建设需要构建合理的学术组织。

集团构建"两层三级"学术组织，成立了芳草课程建设的学术团队（图6-4）。第一层为集团学术管理层，总校长任课程建设组组长，集团课程管理委员会包括学术部、质量部、德育部，第一层还包括人力资源部、督导部。第二层为集团课程建设层，包括集团学科管理组、校区课程指导组、专家顾问委员会、教师专业发展委员会。

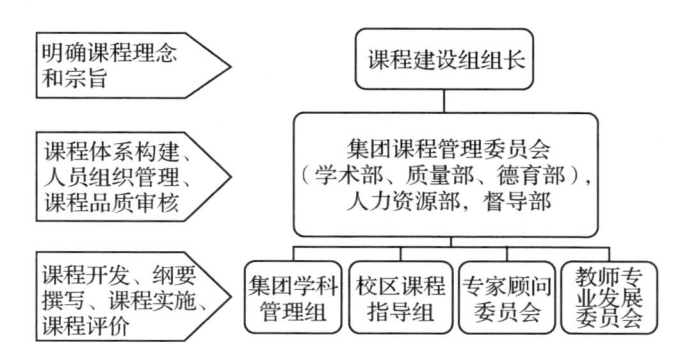

图 6-4 芳草集团学术组织设置

从学校课程管理框架看，学校的课程建设涉及每一位教师，学校倡导：先做课程建设的实施者，再做课程建设的完善者，最后要成为课程建设的开发者、促进者。

1. 集团学术管理层职责

总校长作为课程建设组组长，依据集团整体办学目标、育人目标、办学理念，制定课程目标，将课程建设作为落实国家育人方针、芳草好教育的核心载体。

学术部负责校本课程的开发方案制定、课程开发的审批、可行性论证，以及课程实施的整体部署，构建完整的课程体系。

质量部负责国家、地方课程的落实，以及校本课程规范化实施，保证开齐、开足三级课程。同时，质量部负责组织教师之间的交流、听课观摩，注重课程效益的检验。

德育部负责将集团的系列德育活动、各校区的特色活动按照课程建设的要求规范化，形成德育整体课程。

人力资源部负责学术团队的人员建设，包括集团内部的人员构成，还有外聘专家的全方位组成和管理，以及团组的组织建设。

督导部负责课程申请、开发、实施进程中的规范化审核，以及课程实施效益的评估、外聘专家的资质审核和绩效评估。通过对学生、家长

171

的调研，了解学生对学校课程的喜爱程度，也作为评价、研究已有课程的参考依据。

集团学术管理层从整体课程建设目标出发，做好每一门课程从目标制定到内容的选择，从方法实施到课程评价的过程管理。整体协调、融通国家、地方、校本课程的关系，从内涵和外延两方面界定，构建、形成完整的课程体系，把握课程建设的方向，凸显办学理念、育人目标的达成。

2. 集团课程建设层职责

集团学科管理组和校区课程指导组为执行层，在专家顾问委员会的指导下，从课程目标的明晰、课程内容的筛选，到课程纲要的撰写、课程标准的制定和实施，完整经历课程建设全过程。

集团学科管理组首先是要完善国家课程，芳草课程建设的首要目标是"深入落实国家课程标准"，运用"忠实、整合、拓展、创生"的策略，以"道德、语言、数学、科技、健康、艺术"为基础学科领域。

校区课程指导组以"荣·融"文化为精神内核，以"易知易行、和而不同"为基本理念，完善"我爱芳草地、可爱的故乡、美丽的中国、多彩的世界、我想去那里、唯一的地球"主题探索课程的开发、实施和评价。

专家顾问委员会在整个课程建设中保障着整个课程建设的科学、严谨、规范、高质，进行全方位的专业指导、培训、评估和标准的制定，以及课程实施的效果分析和再改进建议。

在课程建设和实施中，教师既是主力军又是自我发展的新平台，集团关注优秀教师群体的形成，成立教师专业发展委员会，通过校本课程的研发，将"通识"培训与"校本课程开发与建设"课题研究紧密结合，培养教师的课程观念、研究意识、课程开发与创新的能力，提高教师的综合素养，促进教师的专业成长，锻造研究型教师团队。

(二)学术组织的职责效应

1. 明确课程目标——定方向

集团总校长任课程建设组的组长,保障芳草课程凸显"荣·融"文化的精神内核,保障"易知易行、和而不同"的基本理念贯彻在课程建设中,落实培养具有"中国情怀、国际视野"的芳草学子的育人目标,让芳草教育成为首都基础教育的典范、中国国际教育的品牌。

从"基于育人目标的课程建设"到"构建以学生和学习为中心的课程",再到"基于核心素养的学科课程建设",芳草课程聚焦于学生核心素养的培养。

2. 规范课程管理——定标准

集团课程管理委员会由科研副校长(市级学科带头人)负责,带领一支由学科骨干教师组成的课程管理团队,在深刻领悟课程发展方向和课程建设实质的基础上,制定课程开发流程、课程审核程序、课程实施纲要,同时协调专家顾问委员会的学术指导作用,发挥集团学科管理组和校区课程指导组的执行力,保证课程有质量地实践,及时反馈问题,做出分析,提出改进建议,为完善、构建整体的课程体系做好实践性的检验。

制定完备的"管理流程手册"和"主题探索课程评价手册""芳草地球村护照",初步形成芳草质量标准。周期性地对课程执行情况、课程实施中出现的问题进行分析评估,调整课程内容,改进教学管理,形成课程不断革新的机制。

制定"芳草地国际学校知行课堂教学标准",用"学生受益程度"的标准来检验课程实施的效果,基于终端反思、课程评价建设,有效促进课程实施与改进。

3. 凸显课程特色——定体系

课程建设的专家顾问委员会由高校的课程理论专家、课程实施中的教研专家、课程评价的管理专家组成,保证课程建设从开始就具有严谨性、规范性、现实性、发展性。学校在实践中检验课程的科学性和适用性，以"国家课程校本化实施"的思路，整体构建具有芳草特征的课程体系；从实际出发，研究制定课程实施方案，广泛征求领导、教师的意见，宣传课程建设理念，确定课程实施的实验校、实验年级、实验班，制定相关制度，同时指导各部、各校课程建设工作。

从单个领域的课程到学科之间的整合课程研究，从单学科综合实践活动到跨学科综合实践活动、全学科综合实践活动，从10%到100%，由表象到本质，形成这样的共识：课程源于生活，基于学科，回归生活；通过学科学习，学会学习；通过学科学习，获得更好的生活。

4. 落实课程主旨——定效应

集团学科管理组和校区课程指导组由骨干教师组成，既有丰富的课程实践经验又有一定的课程研究能力，一边连着课程开发的全过程一边连着课程实施的全过程，一边面对专家一边面对学生，可以说是课程建设的"双主体"。每一次的课程推进都离不开教师的培训和成长。

课程建设与实施始终坚持"只有每个教师都理解的课程才是好课程，只有每个学生都受益的课程才是好课程"。学校在课程设计的基础上，狠抓知行课堂建设，要求每位教师"知课程，行课程"。

从课程走向课堂、课业，课程实施稳步推进，课程方案由展示引领发展到常态实施。知行课堂在课程实施中形成共识：每一节课都是带班育人课，每一节课都是思维发展课，每一节课都是语言表达课，每一节课都是综合实践课。

二、课程开发机制

课程资源的开发与建设，要与学校的办学指导思想、育人目标紧密结合。课程资源建设要反映社会的发展需要，要符合学生的身心发展特点和规律，要有利于教师专业水平的提高，要有利于学校可持续发展。

（一）课程开发的基本流程

在集团课程管理委员会的统一部署下，做到目标明确、职责清晰、人员协调、过程规范（图6-5）、评价落实，使学校、教师、学生、家长，

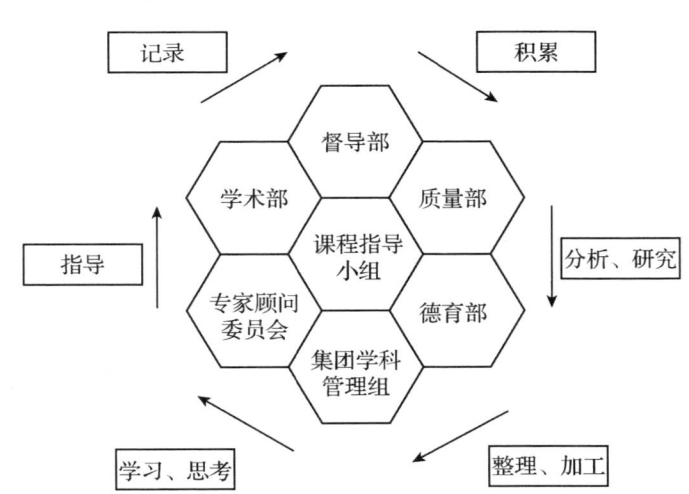

在理解、支持、配合的前提下，参与课程建设。

图 6-5　课程开发的基本流程图

按照国家课程方案和各学科课程标准的要求，依据市教委提出的课程安排指导意见和各学科指导意见，形成有特色的课程体系。学校积极创造条件，自主开发和开设校本课程，各学科课程小组负责提出课程设置方案，上报学校课程指导小组审定后实施。

(二)课程开发的基本原则

1. 目标性原则

以集团办学理念、办学方向为依据，聚焦一个核心目标：培养具有"中国情怀、国际视野"的芳草学子。整体构建芳草课程体系，注重学生核心素养培养，特别是健康身心素养、友好交往素养、自主学习素养、信息素养，回归学生的生活世界，促进每个学生全面而有个性发展。

2. 忠实性原则

芳草课程是对国家课程校本化实施的有效解读，在构建课程之初，学校就提出了忠实策略，并始终将其作为课程建设的原则。

在忠实于国家课程的基础上，穿越具有严密的知识体系和技能体系的学科界限，在整合六大基础学科领域的同时，着眼于学生发展、针对学科本质，把课程、学科与芳草育人目标进行有效对接，重在学生兴趣、特长的培养，促进学生的实践精神和创新能力。

3. 标准性原则

建立一条龙管理流程（图6-6），从课程立项申报到内容选择、纲要撰写、实施过程、考核评价，确保内容科学严谨、实施规范合理、评价措施到位。

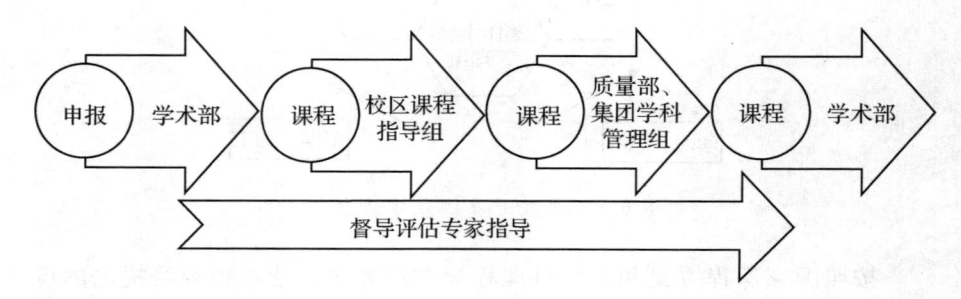

申报 学术部 → 课程 校区课程指导组 → 课程 质量部、集团学科管理组 → 课程 学术部

督导评估专家指导

图6-6 一条龙管理流程图

4. 创新性原则

建设丰富多元的国际化特色课程，注重课程资源的整合、课程形态的多样态，课程的设计与实施要尊重学生的差异，实现个性化学习，以利于培养和发展学生的文化传承意识、自主发展能力、社会参与意识和能力。

本着科学性、必需性、开放性、实践性、互动性、趣味性原则，依据校区基础，因需开发课程。课程质量是根本，学校定期与学生、家长进行调研和访谈，收集信息，分析课程设置的合理性、适用性、发展性的建议，防止活动课程学科化、课堂化。

(三)课程建设的机制

1. 培训机制

学校课程建设是一种自下而上、遍地生根的"草根"模式。尤其是校本课程的开发能有效地更新教师观念，培养学生的创新精神。

坚持"全员培训""先培训后上岗，不培训不上岗"的原则。培训内容包括课程方案和课程实施建议，以及各学科课程标准和教学建议，还有国家教材和学科新知识点的培训等。

培训方式采取参与式、互动式，构建"互为资源"的研修模式，使培训者和被培训者和谐行动，提高培训的质量和效益。

培训中关注教师的需求，将课题培训和教师研修结合起来，为教师搭建学习、交流与展示的平台，开展阶段项目研究的横向交流。

2. 示范机制

对于体现芳草办学理念、育人目标的特色课程，定期进行成果推广的展示研讨，如"带着课本去旅行""复活的地下军团"等，定期研讨学生的学习成果和教师的教学成果。以课程为载体培养学生的核心素养，以课程建设为载体引导教师专业化发展，以课程实施为途径促进芳草品牌教育的优质均衡。

课程建设的主体是教师，学校充分发挥中层干部、学术骨干、学科骨干教师的力量，通过他们的示范引领，以点带面，以干部推动、骨干带动、教师行动的方式整体推进课程建设。

3. 融通机制

基于课程的整体育人，打破学科壁垒，对资源进行融通重组。例如，"红领巾的红军行"学科综合实践活动将专题国防教育和传统德育教育及体能训练结合在一起，整合了活动资源、学科10%的实践体验。

4. 评估机制

针对某一学科课程开发阶段的"课程方案"的评价，包括对课程依据、课程内容、课程时间、课程评价，以及实施人员要求、典型课例呈现等方面进行的综合评价。此评价决定该课程是否予以实验。对于通过评价的课程，评价小组还要周期性地对课程执行情况、课程实施中的问题进行分析评估，进行调整课程内容、改进教学的管理。除对实验学科课程进行评价外，学校还对各个校区的整体课程设置进行评价。

三、资源共享机制

集团化办学在形成价值共同体的同时，形成利益共同体、资源共同体。这个"资源"主要包括品牌文化资源、营建设备资源、教育教学资源、教师资源、学生资源、社会资源等。

(一)品牌文化，内化理念外化环境

芳草地国际学校的办学理念、育人目标、课程目标是共享的学校文化，每一名芳草人均需要明确这一观念。对于学校的环境文化，包括标志性的芳草标识、芳草色彩、芳草雕塑，每一个校区都外化出芳草品格。

学校充分利用校园内的所有物理空间作为学生学习的场所，在环境营造上既考虑教室布置又考虑上课条件的满足。

学校科学制定校园规划，将校园建筑与自然环境有机融合，精心设计，提高品位，突出芳草特色和教育生态，富有故事性、趣味性、教育性、参与性。以芳草地域文化、历史文化、中西文化为依托，学校从向往芳草、春绿芳草、旭日芳草、溯源芳草、欢聚芳草、心系芳草、你好芳草、水润芳草、未来芳草、感恩芳草这十处景观入手，着力打造了芳草环境文化。例如，学校国际部北面的下沉广场是一座五洲儿童欢聚芳草的雕塑，雕塑左边是孔子雕像，右边是亚里士多德雕像，中西方文化在这里融合，寓意为五大洲儿童在芳草园里幸福成长。

(二)国际理解，成为差异教育资源

中西方文化差异化为学习资源。作为一所承担国际教育任务的学校，国际理解教育自然成为芳草发展的重要支撑。在实施小学国际理解教育的过程中，学校逐步形成清晰的操作思路：在文化理解中学会共同生活，在共同生活中享受成长快乐。国际理解教育的实施全面提高了学生国际理解的认知与交往能力，形成教师学术研究团队，丰富办学理

念，打造学校育人品牌，培养学生求真、守信、遵规、负责、乐群等良好品行，推进了学校国际化进程。

融合东西方教育模式，优化课程内容和形式，为培养"T"型或"十"字型人才奠基。学校注重课程、课堂、课业的研究与实践，以"国家课程校本化实施"为主要思路，突出"育人导向，国际化特色"，实践"忠实、拓展、整合、创生"策略，构建科学与人文结合、中西文化结合、课内外结合、全面发展与个性发展结合的充满活力的芳草课程体系，使芳草课程建设焕发勃勃生机。

(三)人力物力，整体规划资源效应最大化

集团人力资源部对岗位设置及职责、人力资源计划、招聘、甄选、培训、绩效管理、薪酬管理、人际关系等要素进行深入研究，建立相应机制，形成系列文本，指导各校有序工作；总校对物力资源，特别是"标配"以外的高值资源进行统一配置、使用，以集中核心力量，节俭、约束、高效办学。

1. 依据教师潜能，充分发挥人力资源效能

尊重教师的潜能，将教师的个人人力资源效能最大化。例如，英语教师的第二外语、体育教师的竞技专项、其他教师的特长与兴趣都纳入学校的教学资源库中。

2. 关注教师发展，全面提高教师综合素养

为教师注入发展的能源，给教师提供学习的课程、交流展示的机会、研究的专项、课程检验推广的平台。学校还依据课程建设和实施的需要，提供针对性的专家资源，全面提高了教师的综合素养。

课程发展委员会指导专家包括朱永新教授、陶西平教授、钟祖荣教授、杨德伦、王凯、朱传世、暴生君、钱守旺等。教师专业成长委员会指导专家包括吴正宪、刘丙辛、赵景瑞、窦桂梅、张立军、华应龙、王文丽等国内知名专家20余名。

一流的专家指导团队为教师的专业发展提供了智慧引领。

（四）校区资源，和而不同特色共享

集团资源的整合为学生的全面发展提供了强大的支持，最大程度发挥资源的育人功能。

1. 国际部课程资源

芳草地国际学校国际部目前有来自50多个国家和地区的近630名学生，他们有着不同的语言、不同的风俗习惯和信仰。国际部就像一个小小的联合国、地球村，簇拥在一起成就了"小小联合国"课程、"国际文化周"课程。

国际部以"世界节日"文化为主题，聚集学生资源、家长资源、社会资源，形成了"融通世界的节日"综合课程。

2. 世纪小学课程资源

芳草地国际学校世纪小学的"多彩世界——五大洲"综合课程，深入揭示学科本质，贴近真实生活，直面鲜活现实，以"世界公民"的视角、多元的思维，解开多彩的文化理解。

3. 远洋小学课程资源

远洋小学的天文特色非常突出，形成了以天象厅和天文社团为基地，以"天文探索"教材为依托，以天文观测活动为实践的天文科技教育课程。每学期一次的天文辩论会，就是小科学迷的盛世舞台。

4. 民族校区课程资源

民族校区的"民族风情游"，从《桂林山水》《记金华的双龙洞》出发，让学生带着课本去旅行。

5. 万和城校区课程资源

万和城校区道德领域课程凸显，"儿童哲学"和"道德推理"课程形成完整体系和教材。

集团共享的课程资源，给予了学生选择课程的机会，在这种个性化提供的学习中，我们看到的是学生渴求知识的目光，看到的是学生参与合作、动手实践、勤学好问的学习积极性，看到的是学生获得知识后开心的笑脸、分享收获时的自豪与欣喜。

从调查问卷的结果来看，99%以上的学生喜欢课程资源中心的学习方式与学习课程，说明学校校本课程的开设是能够满足学生的个性发展需求的，是具有生命力的。

(五)社会资源，规范筛选聚集效应

学生的课程不能仅仅囿于学校这座象牙塔中，还应扩展至社会这个广阔的天地中，家长资源、社区资源、社会资源三方面系统构建，密切联系、协调，以完善和促进各个校区的管理。

1. 场馆资源单位

各校区聘请科研单位、资源单位、专业团体、高等院校的专家为学生成长提供智力支持。学校与国家博物馆、中国妇女儿童博物馆、中国邮政邮票博物馆、北京天文馆、双井社区的社区学院、朝阳文化馆等多家资源单位建立长期合作关系，使之成为校本课程的重要开发资源。

学校聘请故宫博物院、首都博物馆、中国科技馆、北京自然博物馆、中国美术馆的馆长担任课程实施的导师，让学生的视野超越学校的围墙，享受整个社会的优质教育资源。

2. 各界人士资源

学校集中社会各界智慧资源、物质资源，既有聘请的各方专家作为课程建设的指导者，也有家长、社会力量义工队。

家长教育资源是学校教育资源的重要补充，学校充分挖掘和开发家长资源，开展了"传媒文化与史家文化""企业文化与史家文化""博士论坛"等主题的家长论坛，让集团学生享受所有家长的教育智慧。在校本课程师资队伍建设中，学校探索"家校联动模式"，聘请家长中的专业人士为学生授课。例如，聘请金融、传媒、外交、建筑设计等各行各业的家长为学生上社会角色体验课，让学生对社会上纷繁复杂的职业进行角色体验，在家校协同中促进学生成长。

(六)学生资源，从享用者变为创造者

学生在芳草课程的学习中，拓展了视野，增长了能力，还培养了自主参与的社会责任感。这些学习中的成果被转化成了特色的学生课程。例如，远洋校区的天文校本课程，将学生创作的诗歌、考察报告、观测记录、天文辩论会札记等，集结成"天文学生课程"，以学生在天文特色课程中的成果收获，反映出他们对科学求真的情感体验，是后续学生最生动的"科普"教材。万和城校区在实施"儿童哲学"校本课程时，结合学生的实际获得，让学生创作了教材的所有插图。这些生动的图画是学生思维的"具象"，带着温度、广度和深度，体现了真正的儿童哲学思想。

面对学生们的创造力和自主能力，教师们也不禁感叹：学生从课程资源的享用者变为了课程资源的创造者。

第七章

芳草师生的实际获得

第七章 芳草师生的实际获得

课程改革是学习方式和教学方式的转变，其核心任务是：使获得知识与技能的过程同时成为学会学习和形成正确价值观的过程。芳草系列课程的设置不仅注重知识传授，强调形成积极主动的学习态度，而且还力求使学生获得知识与技能的过程成为学生学会学习和形成正确价值观的过程(图 7-1)。

图 7-1　英语戏剧《复活的地下军团》

课程教学过程是师生交往、共同发展的互动过程。在课程实施的过程中，芳草师生都发生着改变，教与学的观念在改变，教与学的方式在改变。

第一节　学生实际获得

一、热爱中国，关爱世界

通过学校的主题课程，学生具有全球意识和开放的心态，了解人类文明进程和世界发展动态，能尊重世界多元文化的多样性和差异性，积极参与跨国文化交流。学生对世界了解得越多，交流的欲望与需要就越强烈。因此，学生积极响应学校丰富多样的语言课程学习，主动学习包括英语在内的多种语言，掌握了亚洲、非洲、美洲、欧洲、大洋洲五大洲多个国家语言中"你好""谢谢""再见""对不起"等常用语的表述。掌握语言，从而了解文化，丰富知识，进而学习语言。丰富多彩的校园活动，塑造了学习的良性循环。

（一）获取知识，开阔视野

"走出去、请进来"，丰富的课程开阔了学生的视野。学生在丰富多彩的校园生活中，对我国的文化、历史、军事诸多方面的认识逐步深入，增强了国家认同感、自豪感。在此基础上，学校丰富的课程，在学生与世界之间搭建桥梁，让学生与世界互动。学生在一次次知识的积累中，拥有国际视野、优雅大方的行为举止，提升自我修养。芳草地国际学校经常迎接各地的国际友人到校交流参观，也经常组织学生参加各大使馆的节日庆祝活动。学生不仅可以在各种类型的接待活动中不卑不亢、落落大方，而且可以与世界各地的到校来宾相谈甚欢，向各个国家、各个年龄段的访客绘声绘色地讲述中国故事，让到校的参观者连连称赞。2017年11月9日，学校国际部的部分美国籍学生参加了美国总统访华的欢迎仪式。学生们个个踊跃报名参加接待活动，即使外宾就在眼前，也个个显得彬彬有礼，彰显出"小使者"的礼貌和气质。欢迎典礼庄严而热烈，军乐团演奏气势磅礴，三军仪仗队威武雄壮，迎宾礼炮响彻天空，芳草学子亲身体验着和谐氛围，同时也为营造这种和谐的氛围贡献着力量。

当学生了解到的信息被植入具体的生活环境当中，沉入他的理解和记忆当中时，也就形成了他对文化的理解。见识越广博的学生，越懂得包容，对异国的不同文化就越尊重，自身素质得以提高。"走出去、请进来"的机会越来越多，学生的视野越来越开阔。所以，学生可以与不同种族、不同信仰、不同肤色的人友好共处，营造出平等和谐的氛围。芳草学子有到美国、澳大利亚、英国等国家交流的游学机会，学生们对对接国家的风俗习惯都非常尊重。巧遇宗教活动不指指点点，妄加议论；禁忌的问题不鲁莽发问；异国街头偶遇穿着独特民族服装的人，不过分关注……这是对不同文化的尊重，也是学生素养的体现。

(二)紧跟时代步伐，培养开放性思维

为了让每一个学生都有"实地"体验国外生活的机会，学校开发虚拟游学和以地球探索为主题的课程，借助计算机、图书，以及社会资源整体，模拟相应的场景，如：模拟在大使馆办理签证；乘机，到达目的地；了解当地的教育、风土人情、饮食文化等。经过这样的不断熏陶，学生具有了国际视野，时刻密切关注着身边的动态，紧跟社会热点话题。2019年3月11日，芳草地国际学校世纪小学小记者宋辰勖、王景弘同芳草地国际学校东洲校区一年级学生马可馨、陈浩桉、魏荷洋，作为联合国儿童福利小小宣传员，走进"让普惠教育守护每一个未来"的专家学者论坛。这些小记者们就教育的相关话题，在活动现场对全国人大代表、湖南省石门县雁池乡苏市完小校长王怀军，全国政协委员、全国青少年井冈山革命传统教育基地管理中心党委书记、主任王学坤进行了专访。

学生在一系列的课程与活动中，大范围接触海量知识，接受度、宽容度就更高，也形成了开放式思维。在校园中经常可以听到这样的对话："不着急，我们这样试试看。""不如我们换一个角度想想看。"学生主动关注国际前沿动态，了解各国各领域知识。大量知识的积累，促成了思维方式"质"的飞跃，让芳草学子可以从多种角度全面认识问题，能依据特定情境和具体条件，选择制定合理的解决方案，具有在复杂环境中行动的能力。

(三)正确认识自我，养成自我反思的习惯

学生在一系列课程的熏陶下，形成了自我反思的习惯。学生关注国家动态，敏锐感觉到政策变化所带来的生活的改变，认识到国家是发展的、上升的。通过理性认识国家，学生也学会正确看待自己。无论是外在形象还是内在素质，学生通过自我评价、他人评价能够逐渐认识到自身的优势与不足，清楚地表达自己的感受与见解，主动发挥自己的优势，反思自己的行为。通过自我反思，学生逐步实现自我管理，能正确认识与评估自我，并且依据自身个性和兴趣选择钟情的领域、适合的发展方向。在日常生活中，学生可以更加合理分配和使用时间与精力，具有达成目标的持续行动力。在这一过程中，学生也慢慢认识到，事物总是发展变化的，每个人都在不断发展变化中，优点和缺点也在变化，因此，必须要用发展的眼光看自己，及时发现自己新的优点和新的缺点，通过自己的努力，争取变缺点为优点，不断改正自己的缺点来完善自己。

（四）逐渐提高适应性与独立性

学生通过主题课程、综合实践活动的长期锻炼，适应性、独立性得以提升。学校每年都会组织50名五年级学生作为"小留学生"，到访美国、英国，进行为期40天的"留学"生活。届时，学生们会入住外国家庭，与不同肤色、不同种族的人相处，在全英文的环境中与当地的"爸爸、妈妈"一起生活、学习。在这期间，这些"小留学生"可以很快适应时差和迥异的生活习惯，快速接受异国文化差异。学生们很快融入异国文化，与外国的小朋友快速建立真挚友谊，在寄宿家庭营造和睦关系。这些"小留学生"也作为文化小使者，将中国的文化展现给世界。

（五）具有主人翁意识，主动承担社会责任

从美国游学回来的同学们，这样写道：在美国的一个半月里，我从来没有见过雾霾，我们可以尽情地跑跳玩耍，一点都不用惧怕雾霾对我们的伤害。现在，我回到了北京。我要善待小动物，不乱丢垃圾，我还要好好学习，长大后有能力改善我们的环境。加油！

迈向世界，学生具有了国际视野，才能正确地认识自己、正确地认识自己的国家。在学校，他们是小学生；走出去，他们是中国人。小小的他们第一次感受到身份的转变。"机舱也是课堂""商场也是课堂"，学生们说：通过游学，大家对餐桌礼仪、公共秩序有了更全面的理解。我们要谨言慎行，做好中国的名片！

芳草师生也在积极地传播中国文化：包饺子分享给美国朋友，教他们用毛笔写"芳草地"、解九连环、打中国功夫……经过努力，还在友好校设立了"中国文化日"，于十月一日用一整天教美国师生学习中国传统文化。活动锻炼着学生各方面的能力，提升他们的综合素养，也将中国源远流长的文化传播给国际友人。学生们从中感受到作为芳草人、朝阳人、中国人的骄傲，也更加深了他们的家国情怀。学生逐步了解祖国的现状及优势，明确了自己幼小肩膀上肩负的时代责任，树立了公民意识和强烈的社会责任感，决心为祖国的腾飞而努力。

(六)具有科学精神，勇于开拓创新

学校开设的主题课程，引导学生从自身生活和社会生活中发现问题。通过多样化的实践学习，学生体验并初步学会调查研究与访问、实验研究与观察、技术设计与制作、社会参与服务、信息收集与处理等多种实践学习方式，这让学生学会尊重事实和证据，帮助学生树立实证意识、拥有严谨的求知态度。通过潜移默化的引导，学生能独立思考、独立判断，思维缜密，能多角度、辩证地分析问题，做出选择和决定。学生逻辑清晰，能运用科学的思维方式认识事物、解决问题、指导行为。学生具有不畏困难、坚持不懈的探索精神，能大胆尝试，积极寻求有效的问题解决方法。

(七)提升审美素养，滋养学生心灵

审美素养，是人的基础核心素养，培养的最佳时期是小学。一个人的审美情趣、艺术感觉、基本技能，诸如塑形、表现、节奏、创编等，都要在小学阶段打好基础。艺术教育，不仅提升了学生的审美素养，更重要的是提升学生的趣味、气质、胸襟，激励人的精神，滋养人的心灵。

在艺术领域课程展示中，学生认识梅花，观察梅花有几个花瓣、花瓣是什么形状的，认识枝干的形状，感悟枝干和花的组合，并且与其他学生共同赏析墨梅图。教师用吟唱配以墨梅图，让学生感受文人情怀，

理解艺术领域内在的综合性与互通关系，最后将梅花的品格与自我的修养结合起来，课堂回归生活，学科价值得到展现。

知道民间玩具不倒翁的原理，知道对称图形的美，知道恐龙的特征，感受"凡画山水，意在笔先""咫尺之图，千里之景"的山水画魅力，感受音乐所描绘的钟表形象，感受歌曲《火车开了》活泼欢快的情绪……这些都离不开芳草艺术教育对学生的启蒙与引导。

在多学科融合的课堂上，我们把古诗的色彩美、画面美、意境美、韵律美、节奏美与语言美融为一体，创作出了漂亮的诗配画，唱出了好听的诗词调。学生在语文课上品读文化，在音乐课上唱出感受，在美术课上画出意境，从多个角度对中国的古诗文有更深刻的理解，想象能力、创新能力、审美能力、思想情感等得到培养。学生能够充分感知诗歌本身所具有的节奏感、韵律感，诗中有画的情景，浓缩的人物形象，精练的遣词用句，多变的修辞手法等特点，从而更加热爱我们的传统文化。

学生有儿童独特的观点和感受力，他们在艺术领域课堂中，感受氛围，进行创作，并分享给自己的伙伴。要保护儿童的天性，千万不能让他们模仿成人，他们的作品就是他们心灵成长的历史。

二、自信乐群，会学善用

在践行芳草教育的过程中，学校始终围绕育人目标开展教育教学活动。"自信乐群，充满活力"是芳草教育育人目标之一。不论是课堂教学还是德育活动，都将培养学生的"自信"作为一项重要的任务，意在让学生能够自信地站在众人面前。

(一)分享让学生更加自信

芳草教育打造知行课堂，而分享式教学是课堂中经常采用的教学方式。学生从问题出发，在展示、分享、交流自己想法的过程中，进行思考，获得活动经验，实现共同成长，享受认同与尊重的愉悦过程。在这一过程中，学生不仅获得了新知识，还培养了表达能力，建立了自信。

芳草课程要求学生要"善读乐写",小作家俱乐部这个特色社团最大的目的就在于激发学生写作的兴趣。教师不是单纯地展示范文,而是将文章划分出不同的方面进行展示。例如,写人记事类文章,可以从结构入手表扬开头、结尾新颖的作品,内容上可从语言、动作、心理不同的方面展示学生习作的一个段落甚至一句精彩的话。这样,展示的范围大大增加,哪怕是语言表达能力较差的学生也能通过小作家俱乐部收获鼓励,在小作家俱乐部中怀有对习作深深的期待,从而极大地激发写作的积极性,增强自信心。

(二)培养自信表达的能力

让学生自信地站在众人面前,先要让学生自信地站在本班同学面前。"自信"的关键之一是表达能力的培养。自信的表达不但有助于学生思维的提升,也是对提高学生社会行为能力、社会生存能力的重要训练。要让学生能够大声地、自然地、清楚地表达自己的思想、愿望和情感,就要有计划地进行指导、训练。教师针对不同的学生在课堂上指导发言的方式不同。对于不会大声表达的学生,教师指导他们发言的时候身体要自然放松,气要从腹部往上走,这样气足声音响亮,还不会伤害嗓子。对于表情紧张的学生,教师指导他们在讲的过程中要想象自己是在给别人讲故事,表情要随着内容的变化而变化,这样就会自然大方。对于没有勇气发言的学生,教师就给他们创造机会,在课堂上让他们回答简单的问题,如果还不敢表达就让优秀的学生先说一遍,再让他们模仿着说一遍,使他们有成功的体验。

为了培养学生的表达能力,语文、英语学科开展了"脱口秀"活动,数学学科开展了"数学小讲师"活动(图7-2)。每天由一名同学在全班面前脱稿演讲,并录制视频,将优秀的视频在楼道展播。不论是低年级同学还是高年级同学,都能自信满满、精彩演绎。

图 7-2 "数学小讲师"活动

(三)兴趣驱动学习,灵活运用知识

芳草课程带学生"活起来"。学生对未知充满好奇,对学习充满兴趣,主动参与,主动探索,主动汲取,以学习的主人的身份,享受学习。万和城校区学生用"实践考察获新知"的小视频向我们呈现了"小留学生"在美国黄石公园自主发现、探究、考证"老忠实喷泉"名字由来的全过程。怀着好奇和探究的心,学生们发现美国酒店一般不设置一次性洗漱用品,街头的自来水可以直接饮用……从而对比出中国在环保等领域与美国尚存差距。课程跨学科的融合,高效地让学生具备了语言、数学、科技、艺术等领域必备的知识与技能。更重要的是,学生在这一过程中正确认识和理解学习的价值,具有积极的学习态度和浓厚的学习兴趣,养成了良好的学习习惯,并可以选择适合自身的学习方法。不仅如此,学生形成了对自己的学习状态进行审视的意识和习惯,善于总结经验,能够根据不同情境和自身实际,选择或调整学习策略和方法等。

知行合一,是学生更宝贵的获得。2007年,第十五届全国中小学信息技术创新与实践活动决赛在青岛大学举办。芳草地国际学校杨熙坤同学凭借出色的作品创意、艺术效果和熟练的操作在微电影创作项目中夺得全国一等奖的好成绩。他在地球主题探索课程的"数字故事"里学会视频采集、用镜头语言展现想表达的内容，接着运用语文课上学到的信息整理的方法，将脚本素材整理到不同文件夹，随后用课上学习掌握的视频剪辑软件开始剪辑。他将在各个学科的课上所学的知识融会贯通、内化于心，灵活应用。

(四)在学科整合中让学生会学、会用

芳草课程的设立均建立在基础学科之上，渗透于生活的点点滴滴之中。让学生学习有营养的生活中的学问，是现代教育的根本；凸显这些学科的实用性，提升思维的训练，是现代基础教育的首要任务。在教学设计中应该从贴近学生的真实事件出发，全学科涵盖，用全学科理念发现问题，提出问题，用基础知识、基本思维、基础表达分析问题、解决问题。

1."畅游五大洲"课程

芳草课程重要的是培养具有"中国情怀、国际视野"的小使者，课程构架就需要将教育回归原点，就是我们应该培养什么样的人，学科建设就需要我们以道德、语言、数学、科技等为基础学科领域，以五大洲为探究主题开展学科整合活动。例如，世纪小学的从实际发生到实际获得现场会就围绕大洋洲的地理、景观、人文等信息展开"复式条形统计图"的学习，将数学、科技和综合实践活动有效结合，真正地让每一个学生在课堂上学会用数学的眼光看待世界，用数学思维和数学表达解决生活中的实际问题。

2."复活的地下军团"课程

学校基于"忠实、整合、拓展、创生"策略进行课程建设和实施，认真领悟学习国家课程，从学生身心发展的整体性、生活世界的多样性出发，对课程实施整合。例如，围绕"复活的地下军团"活动，芳草集团的全体师生从多学科角度开展有效的学习，中英文双语文化交流，复原古币的数学探究，歌剧的表演、演唱技巧，秦文化符号的绘制让中国历史、中国符号与现代的科学技术等全面融合，让学生学习有营养的文化

知识，学习经验。

3."你好"课程

为了落实立德树人的根本任务，深化教育领域改革，进一步明确主题课程的开展，汲取智慧，滋养道德，让每一个学生都能够开启学习的视角，"你好"课程用一句"你好"推开世界之门。

（五）多彩多样的学科主题课程表达

芳草课程育人最基本的定位就是——让每个学生都能自信地站在众人面前，展现学生的内在自信和外在从容。让每个学生都要有道德观，让每个学生都要有价值感，让每个学生都要有存在感，让每个学生都要有觉知感。芳草课程六大领域的领域标准给教师开展学科实践活动明确了方向。主题课程开展以来，学校通过多种统一的实践活动——"多彩的世界"，用儿童的视角，探究主题教育。统一主题的实践课程，因年龄特征的不同有着不同的探究和表达。

1. 一年级：毛根创造动物——趣味表达

学生们在充分调研的基础上，学习毛根制作的技巧和手法，创造性地用毛根制作大洋洲的动物模型，并制作场景（图7-3）。充足的趣味性调动了每一个学生的视角，调动了他们学习的兴趣，令学生们收获颇丰。

图7-3 "毛根创造动物"系列活动

2. 二年级：传统皮影表演——传统表达

皮影又称影子戏，是中国传统文化中的瑰宝，有2000多年的历史，是世界上最早由人配音的活动影化艺术。由于科技的发展，新生事物的产生，学生对于皮影的了解越来越少。了解传统文化有利于学生产生民族自豪感，学校邀请民俗专家讲解皮影的知识、制作、演出技巧，真正让每一个学生切身参与、体验（图7-4），从而凝聚民族力量。

图7-4 "传统皮影表演"系列活动

3. 三年级：中轴线上的城门——厚重表达

生活在北京这座历史文化名城的学生，在了解中华民族悠久的历史方面有着得天独厚的便利条件。北京独有的中轴线上壮美有序、前后起伏、左右对称、气势雄伟的城门楼，将这座历史名城装点的格外美丽。带着学生走出校园，参观、了解城门，制作模型（图7-5），了解中央之国的内在含义，了解中华民族悠久的历史和传统，凝聚中华民族血脉中的灵魂，是实践课程的重要部分。

4. 四年级：中国园林建筑——艺术表达

说到中国园林，就不得不看北京城独具魅力、涵盖了整个中国园林特色的皇家园林。除了学生们熟悉的亭台楼阁美景，宫苑、园囿、御苑这些中国园林的基本类型都吸引着学生们好奇的目光。中国园林修建艺

构建中西融合的芳草课程
北京市朝阳区芳草地国际学校遨游计划成果

术内涵深刻，修复专家的细致讲解、园林模型的精心制作一次次地震撼学生的心灵（图7-6）。构架山水、模拟仙境、移天缩地、诗情画意，能工巧匠们的智慧、中国美学的艺术形式，无不体现着中国民族魂。

图7-5 "中轴线上的城门"系列活动

图7-6 "中国园林建筑"系列活动

5. 五年级：带着课本旅行——视角表达

高年级的"多彩的世界"实践活动更多的是主题调研和思维创造的体现，世界上地标性的大学、地标性的建筑，以及具有文化代表性的建筑都成为学生们研究的对象，他们从每一个细节入手，用深度的思维模式探究来了解世界（图7-7）。

图7-7 "带着课本旅行"系列活动

6. 六年级：主题课程调研——深度表达

六年级的学生能够围绕一个主题展开调查研究（图7-8），综合运用学科知识、调研能力、数据统计。多角度表达、全面应用的主题课程的实施，让每一个学生都能够实际获得能力的提高、核心能力的养成。

7. 多彩多样的学科主题课程实践

道德领域（品德与生活、品德与社会、道德推理、儿童哲学）的校内外实践活动以道德规则和情感的真实体验为主；

语言领域（语文和英语学科）的校内外实践活动以语言应用、文化传播为主；

数学领域（数学学科）的校内外实践活动以计算工具的应用及各自价值为主；

构建中西融合的芳草课程

北京市朝阳区芳草地国际学校遨游计划成果

图 7-8 "主题课程调研"系列活动

科技领域(科学、天文、机器人)的校内外实践活动以小实验、小制作为本,打开学生思维、眼界的边界,让学生感受人与自然、人与宇宙的关系;

健康领域(体育和心理)的校内外实践活动以身体、思维动起来为本,开发学生的运动潜能;

艺术领域(音乐和美术)的校内外实践活动以体验生活、创作艺术为主。

经过各学科实践,具备学科特征的芳草课程更多地在体现单学科本质的同时注重全学科的整合。抓住在学科教学中与学生现实生活联系紧密,学生很感兴趣,想要进一步学习和探究的内容,作为学科综合实践活动的主题。从学生现实生活中寻找与学科内容有关的问题，引导学生边学习边实践，将自己学习到的学科知识用于分析解决现实生活中的实际问题。从教材中选择综合实践活动的内容，如教材中的一些基本原理、概念和规律等知识，转化为学生自主探究和实践的主题，引导学生经历再创造和再发现的过程。

第二节　教师专业发展

我们知道，一所理想的学校应该有一个面向所有学生的课程体系。课程建设是基础教育改革研究的重点，是实现教育现代化的主要路径。一方面，它着眼于发展学生的兴趣、需要和特长，关注学生个性的发展；另一方面，它在很大程度上促进教师专业发展的自主性、能动性和创造性，让教师的教学能力实现质的飞跃。

芳草课程是以培养具有"中国情怀、国际视野"的芳草学子为核心，以"道德、语言、数学、科技、健康、艺术"为基础学科领域，以"我爱芳草地、可爱的故乡、美丽的中国、多彩的世界、我想去哪里、唯一的地球"为探索研究主题的课程体系。课程目标明确，各领域课程基本要求清晰，各领域学生素养培养评价量表具体、可操作，直指学生核心素养的培养。在这样科学、完善的芳草课程体系中，教师群体走在了课程建设的前沿。教师队伍的建设与培养促进了芳草课程的开发、完善与推动，同时课程建设也促进了教师专业能力与核心素养的发展，不同特点的教师在课程建设中充当不同的角色。

一、芳草课程开发聚焦课程意识

我国学者郭元祥指出：课程意识是教师的一种基本专业意识，属于教师在教育领域的社会意识范畴。具有鲜明的课程意识是芳草课程得以开发与实施的重要前提。

课程意识对于教师而言就是要具有探究"教什么？为什么教？怎样

构建中西融合的芳草课程

北京市朝阳区芳草地国际学校遨游计划成果

教？为什么这样教？学习是怎么样发生的？学生的实际获得是什么？"的意识。芳草课程为这种意识的萌发、提升提供了平台。

（一）凭借骨干力量，唤醒课程开发意识——开拓者

芳草地国际学校的前身为芳草地小学，始建于 1956 年，原为外交部子弟小学。学校从建校之初，一直高度重视人才培养工作，经过几代教育工作者的辛勤努力，形成了优良的办学传统，积累了丰富的教育经验。可以说，如今的芳草地国际学校已经拥有一支人才聚集、朝气蓬勃、锐意进取、业务精良的教师队伍。近些年学校涌现了特级教师 4 人、中学高级教师 81 人、市级学科带头人 4 人、市级骨干教师 24 人、区级学科带头人 16 人、区级骨干教师 59 人，学校教师队伍普遍专业素质较高，任课教师 100% 达到本科学历，还有越来越多的研究生学历教师补充到教师队伍中。学校致力于把这些教师培养成为"明名"之师。

刘飞校长在《芳草明师谈》中提道：明师非名师，此写法非笔误。何谓名师？名望高的教师、师傅，目前大多指教育领域公认的有重大贡献和影响的学者、教师。何谓明师？"明师者，真师也，明心见性，日月合德之士也。"办学求学，须依托明师。另外，众所周知，名师名家是推动教育改革和发展的领军力量，就学校的特色发展与影响力来说，名师是重要的支撑与动力来源；就学生成长来说，名师对学生发展的潜移默化作用、影响极其深远；就教师队伍建设来说，名师在团队中的影响与示范能有效促进整个团队的发展。所以，就课程开发与建设而言，"明名"之师便是芳草课程的开拓者，引领整个学校、教师团队的成长。

（二）围绕办学目标，强化课程开发意识——建设者

刘飞校长带领全体教职工依据芳草办学的成果和经验提出了"芳草教育"这一概念。"芳草教育"的具体内容涵盖核心价值、基本理念、外显特征、育人目标、办学目标五个方面。核心价值是"荣·融"；基本理念是"易知易行，和而不同"；外显特征指"国际化、规范化、信息化、集团化"；育人目标是"培养具有'中国情怀、国际视野'的芳草学子"；

办学目标是"成为首都基础教育的典范、中国国际教育的品牌"。

"芳草教育"深刻地影响着师生的教与学，培育师生员工的认同感和归属感，使每个人的思想观念、感情信念、行为方式与整个学校融为一体，凝心聚力，共谋芳草发展。

芳草的课程改革是芳草历史上的大事。其中，芳草教师不仅仅是课程的实施者，更是课程的建设者。因为有了教师参与构建，所建立的课程才具有适应性，也才会创造性地实施。早在我国古代，大教育家孔子就是自设课程、自编教材进行教学。其后的不少教育家也都是如此。芳草的课程改革，尤其是开展特色课程的研究，教师作为课程建设者的作用必将得到进一步的发挥。

学校课程有了"明名"之师的开拓，其他高职称教师、骨干教师、高学历教师在学校课程开发与建设的过程中，就充当着建设者的角色，让课程的发展更加科学、完善，他们都是课程发展的主力军。高职称教师、骨干教师一般有着严谨的治学态度和丰富的教育教学经验，专业化水平较高，在某一学科领域有着一定的话语权。除此之外，这些教师往往对学生的学情、身心发展规律等把握较准确。高学历教师则一般都接受了较高水平的教育，在某一专业领域中掌握的理论知识较深较广，有较强的科研能力、学习能力，对自己的职业生涯发展有较明确的目标及要求。在学校的发展及课程建设中，如果说"明名"之师是火车头，是学校教育水平的创造者，那高职称教师就是发动机，是学校现有教育水平的保持者，高学历教师则是学校发展的新动力，是学校未来发展水平的决定人。这些教师为芳草课程的建设打开了出口，提供了思路，指明了未来。同时，课程的开发与推进，也促进了教师的研究、成长。

所以，鼓励教师在科研中求发展、在科研中求创新、在科研中求成长，发挥骨干教师在教科研及教学中的主导作用，使其学会学习、学会反思、学会创新，促进教师专业化成长。

(三)依据办学特色，深化课程开发意识——参与者

芳草地国际学校建于1956年，是一所中学建制的公办国际学校。

构建中西融合的芳草课程

北京市朝阳区芳草地国际学校遨游计划成果

60多年来，共有150多个国家和港澳台地区的数千名学生来这里学习，又从这里走向世界。芳草遍天涯，情满五大洲，人们赞誉芳草地为"小小联合国"和"世界小窗口"。学校有来自不同国家的外教，外教对中国文化有憧憬，中国教师对外国文化有向往，国际学生了解中国文化，中国学生受到国际多元文化的熏陶，中西文化在芳草园中碰撞、交融，相得益彰。这都是芳草课程得以开发的良好资源。芳草园中的教师每天生活在这样的环境中，耳濡目染，无形中，他们都成为课程开发的参与者，不同身份、特点的教师从不同角度、层面解读、完善、落实着芳草课程，打造着芳草教育的品牌。芳草课程有了"明名"之师的开拓，"双高"教师、骨干教师的建设，青年教师及所有教师的积极参与，定会更加丰富、完善。课程的发展也会促进学生成长和教师的进步。

二、芳草课程实施提升课程素养

教师的课程素养是教师在课程理念的支配下，整合自身的课程知识、课程能力与课程情意等各种课程要素的一种综合性品质。可见，课程素养包括课程知识、课程能力、课程情意三个维度。课程知识、课程能力是教师个人基于学校课程理念，根据学生需要及自身专业素养、教育经验进行加工重组和自我建构，以期实现学校课程"班本化"，促进学生生命成长的一种能力，主要包括教师对课程的认知、理解能力，对课程的开发、整合能力，对课程的设计、创生能力，对课程的评价、反思能力等。课程能力决定着教师的课程实施能力，是课程能够顺利实施的根本保障。教师的课程素养直接决定着课程实施的效果，影响着学生的发展水平和学校的教育质量，是教师的核心竞争力之一。[1] 课程改革中，教师的课程素养是一个核心因素，它从某种程度上决定着课程改革

---

[1] 陈卫东：《提升教师课程素养的五个"华丽转向"》，载《教研管理》，2017(12)。

的理念能否落实为日常行动。① 因此，提高教师的素质，尤其是课程素养极为重要。芳草课程为教师提高课程素养提供了契机。

（一）芳草课程促使教师重塑课程知识素养

在课程开发的过程中，教师要明确地意识到自己是课程开发的主体，不仅要发挥专业自主权，将自己有意义的人生体验和感悟、独特而有价值的经验有机地融入课程内容，还要不断更新、整合、重组自己的知识结构，掌握有关的课程政策和课程实施与开发的知识，不断地创造课程开发的新经验，探索课程开发的有效途径与策略。

（二）芳草课程促使教师提升课程研究能力

课程能力是教师最重要的能力，对教师的专业水平要求比较高。过去，我们的教师一直是就着教材照本宣科，一离开教材就不会讲了。社会在发展，形势在变化，教育在蹚过热闹的应试教育后，最终要回归教育的原点，回归素质教育，课程要从满足学生的兴趣和需求出发去改革，我们的教师必须提高专业素质，提高课程开发能力，积极适应课程改革的需要，向着真教育的方向出发。

在课程建设实施前，学校秉承"以学生发展为本"的理念，通过访谈、问卷等形式，了解学生及家长的需求，坚持在实际调研的基础上进行课程建设改革。在课程开发过程中紧紧围绕育人目标开拓六大领域，明确提出"四清晰"原则——清晰学情、清晰目标、清晰过程、清晰评价，在实施过程中努力践行"每一节课都是带班育人课，每一节课都是思维发展课，每一节课都是语言表达课，每一节课都是综合实践课"。

1. 以学生为中心，提升课程理解力

在课程能力的要素中，课程理解能力居于首要地位，提升课程理解能力是教师课程能力建设的逻辑起点。要提升教师的课程理解能力，需要教师重新认识科学的教育观，重温课程改革的理念，深刻理解学科课

---

① 谢鑫：《教师"尊重儿童生命"课程素养的培育研究》，载《教育科学论坛》，2018(1)。

构建中西融合的芳草课程
北京市朝阳区芳草地国际学校邀游计划成果

程的价值。①

扬·阿姆斯·夸美纽斯(Johann Amos Comenius)认为"兴趣是创造一个欢乐和光明的教学环境的主要途径之一"。兴趣对学生的学习生活是至关重要的。教师要转变固有的课堂模式，让学生来主导课堂。在课堂中，教师只是起到点拨和启发的作用，调动学生的思维，让学生找到自己的思路，使学生充满求知的渴望感，调动起学生积极获取知识的情绪，从而最大限度地激发学生的主观能动性，促使学生发挥自身潜能，培养出创新型人才。

以学生为中心就是要顺应儿童的天性，满足他们的好奇心、求知欲，满足他们好"玩"的天性。因此，芳草教师把"游戏"引入课程，"玩中学"，既保护并激发了学生的兴趣，又完成了教学目标，更重要的是"玩"的环境更和谐，实现了静态文本与动态过程的统一，学生在生成性的情境中引发了教师对课程资源新的理解与创新。

清人唐彪说："有疑者看到无疑，其益犹浅；无疑者看到有疑，其学方进。"用此强调质疑能力的培养对学习知识、掌握技能的重要性。学生有了自己的思考，知识点也就多了数倍，对事物有自己独特的认识，便不会固守于传统，有了更多的思辨能力和创新能力。一个人的头脑是否活跃，与质疑能力有直接关系。在自主学习、合作探究学习中培养学生的质疑能力也是芳草教师引导学生学习的必备策略之一。

总之，"以学生为中心"的教学模式，不拘泥于传统的教学思维，而是因材施教，正确处理了教与学的关系。实践证明，"以学生为中心"的教学模式，认可了学生之间的差异，给学生创造更多动手实践的机会，让学生主动参与到教学中来，创造出轻松活跃的课堂气氛，激励学生自主学习、兴趣学习、高效学习。不要让知识固化，而要使它们在学生的脑力劳动中、在集体的精神生活中、在学生的相互关系中、在精神财富

---

① 陈辉英：《提升课程理解力：教师课程能力培养的逻辑起点》，载《江苏教育研究》，2017(31)。

交流中活起来。

2. 以四清晰为指导，提升课程活动设计能力

芳草课程中明确提出清晰学情、清晰目标、清晰过程、清晰评价，要把握学生的认知特点、学科体系、学习的基本规律，在课堂教学中一定要强调思维、表达与实践。

芳草的每一位教师都努力做到：深度分析教材，准确把握学习内容的内涵、核心；有理有据地分析学情，具体、明确地把握学情；实施教学设计时落实课程标准等文件提出的理念、要求；教学目标定位准确、描述具体、可检测、可操作；教学方式与策略具体、明确，围绕教学重点和难点进行设计，符合学生的学习特点和学习规律；教学活动目的与意图明确，与教学目标一致；教学活动之间逻辑结构清晰；教学活动突出"大问题"或"问题链"；教学活动形式多样，能激发学生参与的积极性；教学活动注重学科核心素养的培养，立德树人；板书设计突出教学的重点、难点，美观大方、结构清晰。从提高教师的基本功水平做起，为实施芳草课程夯实根基。

3. 以尊重为起点，提升课程执行力

教师课程执行力是指教师以课程理念、课程标准、课程方案、教学文本等为出发点，运用自身教学能力积极整合课程资源，并最终实现课程目标的意识与能力。教师课程执行力是教师教育能力的核心内容，也是实现新课程改革目标的有效保障。[1]

著名科学家阿尔伯特·爱因斯坦（Albert Einstein）曾尖锐地指出："用专业知识育人是不够的。通过专业育人，他可以成为一种有用的机器，但不能成为一个和谐发展的人。"这位备受尊敬的科学家实际上向我们明确指出了"立德树人"的重要性。

芳草课程的六大领域紧紧围绕育人目标而定，在内容上将"科学世

---

[1] 吕利敏：《提升教师课程执行力的路径探索》，载《产业与科技论坛》，2017(23)。

构建中西融合的芳草课程

北京市朝阳区芳草地国际学校邀游计划成果

界"与"精神世界"和谐统一，学科之间相互渗透、整合，使审美体验中闪烁着科学精神和理性的光辉，使人文关怀融入学生的生活、成长之中，使每一个学生全面而有个性地发展。例如，"走班制"教学，以"多元化"为主要特色的融趣味性、实践性、艺术性和综合性为一体的必修课程、选修课程等，都使学生学上了自己喜欢的课程，教师教上了自己喜欢的课程。在这个知识"爆棚"的时代，如何选择知识，与时俱进，学习到基础性和核心性的知识，也成了一种能力。

4. 以反思为策略，提升教学领导力

教师教学领导力既是教师充分展现个人教学魅力，吸引或引领学生自主学会学习、收获学习成果的一种能力；也是教师具备能收获教学成果，实现教学目标和愿景的能力。在学校教育质量追寻内涵发展的今天，教师教学领导力的生成与发挥显得尤为关键。[1] 教师的教育教学活动是一种反思性实践活动，教师只有具有了反思意识，对自己的教学活动、课程设计、课程目标、课程实施方法等不断反思，形成丰富的实践知识，才能让课程变得更加完善。芳草课程对"复备"的要求就是一种反思。

通过反思，教师能结合具体课程环境和学生的实际与需要，具备对已有课程进行改造、开发和发展的能力。教师在课程建设中自主探索，积累经验，不断提高驾驭课程的能力。教学反思是教师自觉地把自己的课堂教学实践作为认识对象而进行全面、深入的思考和总结，从而进入更优化的教学状态。不断教学反思是一名教师不断追求完美、追求卓越的需要，是提升教师的教学经验与自身素质的需要，也是教师专业水平不断提高与发展的最为便利而又十分有效的途径，教师通过对课堂的自觉反思，可以不断更新教学观念，改善教学行为，提升教学水平，提高教学质量，最终实现在教学反思中不断成长发展。

---

[1] 吴晓英：《中小学教师"教学领导力影响因素"问卷的编制与实施》，载《教育与教学研究》，2019(4)。

三、芳草课程反思明晰课程方向

课程的意义非常宽泛，包括文化课程、活动课程、实践课程、隐性课程等，涉及一切有利于学生发展的资源、环境。课程是学校教育的核心，课堂是课程的核心，教师是课堂的关键。芳草的教师是芳草课程的参与者、建设者、开拓者，芳草的学生是芳草课程的见证者、受益者。每一名芳草教师都在用自己的智慧在课堂上、生活中努力地诉说着自己的芳草课程故事，使我们的课堂不再仅仅是教材、教室、教师、学生四者的简单机械组合，而是让它们完美地相遇。在这个相遇的过程中，课程设置的理念得到认可、创新、发展、完善。在这一过程中必然产生教育的故事，生成教育的智慧，促进师生成长。在众多的故事中，我们将从以下四个方面截取几个小故事，展现芳草教师在芳草课程中的思考、理解、发展与创新。

（一）冲突中的思考

没有认知冲突的课程不是好课程，抓不住认知冲突的教学不是有效教学。道德推理课及其所展现的课程故事，便是将学生置于生活里的道德选择与道德判断中，让学生在认知冲突中思考，并做出基于真理和环境的合理决定。

1. 案例1 《螳螂捕蝉》之余

每天和世界各国儿童一起学习生活已经有三年的时间了，我总是折服于他们出色的中文，总是陶醉于他们不同的笑容，总是在繁忙琐碎的工作中从他们身上寻找乐趣，收获知识。渐渐地，我觉得自己也成了一个"无国籍"的人，我们在同一所校园里生活，一同感悟中国的文化，一同体验中国的生活，我们是一家人。但是作为一名教师，传道授业解惑是我义不容辞的事情，我用心向他们传授着中国文化的博大精深。我和学生是朋友，互相帮助，互相学习，当然偶尔也会闹别扭……

一次语文课上，我在讲授《螳螂捕蝉》一课。一位学生正在有感情地朗读着课文，当同学们都陶醉在文言文的魅力中时，一位外籍学生扰乱

构建中西融合的芳草课程

北京市朝阳区芳草地国际学校邀游计划成果

了课堂秩序，我当时批评了他，他竟然小声地回应了我一句脏话。虽然他说的声音很小，但是我却听得明明白白，这句话中国人都难以启齿，我不敢相信竟然出自一位外籍学生之口。更不敢相信的是我的谆谆教诲竟然换来学生的言语攻击，我顿时感到伤心、悲愤。但是出于教师的本能，我并没有表现出生气，而是继续讲解课文。

其他学生没有察觉，继续朗读课文，这件事就像课堂上的一个小插曲，很快过去了。这篇课文是一篇寓言，讲的是吴王要攻打楚国，不许别人劝谏。一位非常聪明的年轻人给吴王讲了"螳螂捕蝉，黄雀在后"的故事，吴王恍然大悟，放弃了攻打楚国的念头。文章寓意是让学生了解做事不要只顾眼前利益，要全面地考虑问题，想到身边存在的隐患。

在学生理解了文章内容之后，我问了一个问题："为什么决定已下的吴王三日之后却改变了他的想法呢？"学生很自然地答道是因为那个年轻人说的话起了关键的作用。然后我继续追问："如果那个年轻人没有给吴王讲这样一个故事，说这一番话，后果会怎样？"学生各抒己见：有的说那肯定导致吴楚两国之战；有的说一定会伤害很多的老百姓，许多士兵也会牺牲，许多人会家破人亡；还有的说两国之战肯定会消耗自己国家的兵力，然后别的诸侯国就像黄雀、弹丸一样乘虚而入了，吴国也会被消灭。学生们体会得都非常好，然后我总结道："同学们看一看，一个年轻人的一句话就转变了一个国家的命运。"然后我想到了刚才的小插曲，那位外籍学生正在认真地倾听着，于是我补充道："一个人的语言可以挽救一个国家的命运，那是因为这个年轻人勇敢、机智、聪明，把语言说得恰当、正确，字字珠玑。但是如果一个人运用不好语言，那么不仅会好心办坏事，而且还会恶语伤人，伤了朋友之间的和气。我们是国际部的学生，每个人都是自己国家的友谊小使者，有着自己民族的素质，我们说话之前一定要经过头脑思考，说正确、恰当的话！"说完这番话之后，那位学生把头深深地埋了下去。

课后我留了一个额外的作业：写一写你学完《螳螂捕蝉》这一课的想法。那位外籍学生在本子上写道："对不起，老师。我今天在上课的时候骂了您。学完这一课，我不仅感受到了这个年轻人的聪明机智，更重要的是我学到了语言的重要性。我不应该随便骂别人，我给我们的国家丢脸了，也非常对不起您，请您原谅。我保证以后不会这样做了……"

看了他的本子，我感动万分。其实在国际部教学，我们用的教材还是我小时候学习的版本，有时我也质疑这样的教材对于21世纪的外国小学生是否合适。但是经过这件事，我改变了自己的想法。其实在教材中我们可挖掘的东西很多，不光是知识，其中还有很多做人的道理。能够在教授文章的过程中让学生端正自己的品行，这样的语文课不是更有意义吗？这样的国际理解不是更深入人心吗？

北京市朝阳区芳草地国际学校国际部　刘明亮

点评：

刘明亮是位心中有爱的教师，更是位有教育教学智慧的教师。何谓教育教学智慧？就是在教育教学当中，教师突出地表现出对学生有超乎寻常的敏感性和感受力，善于突破教学常规，用不寻常的手段，便捷、高效、机智地处理问题，彰显出较为高超的课堂教学机智，妥帖恰当地处理教学突发事件，顺势而为地引导学生积极探索与思考。课堂上，因为学生违纪，教师批评教育，常常会出现冲突或冷战，有的教师甚至会因为学生的无礼冒犯大发雷霆，控制不住自己的情绪。从刘明亮老师的案例中，我们不难看出，他首先是表现出了极大的耐心，然后寻找合适的机会来对学生实施理性、有效的教育，最终使得学生自省，主动向教师表达了歉意……

当枯燥的说教无法触动学生心灵的时候，当严厉的批评指责让学生愈加逆反的时候，我们是否可以把教育意图隐藏起来，用一种充满人性关怀的、超凡的教育智慧，让学生感知事理，在不知不觉中养成一种良好习惯、塑造美好品德呢？刘明亮老师的做法告诉我们，答案是肯定的。

点评人：王文丽

构建中西融合的芳草课程
北京市朝阳区芳草地国际学校邀游计划成果

2. 案例 2　芳草课程连接你我

活动，是芳草课程的一大特色，对于国际部来自不同国家的学生来说，活动更是连接他们的重要纽带。

这学期，当我第一天进班时，班里很安静，学生们各自做着自己的事情，没有太多交流，气氛很沉闷。其实学生们并不是不活泼，而是因为语言不通而相互隔阂着。外三六班是三年级的尾号班，这个班由来自古巴、朝鲜、哈萨克斯坦、墨西哥、美国、阿塞拜疆、罗马尼亚、玻利维亚、俄罗斯、韩国、越南、蒙古 12 个国家的 16 名学生组成，每位学生都个性鲜明，说着自己的语言。我想过一段时间就好了，他们会慢慢熟悉的。

渐渐地，班里出现了"韩语帮"和"西班牙语帮"。"韩语帮"由能说韩语的韩国和朝鲜学生组成，"西班牙语帮"由能说西班牙语的古巴、墨西哥、玻利维亚学生组成。他们各自玩各自的，却也经常发生矛盾。一旦有什么矛盾，各自"帮派"的还会帮腔自己"帮派"的学生。没有"帮派"的学生，因为语言交流不了，孤单地自己玩耍。

我发现，学生们很不团结，没有集体感。个体与个体间由于语言隔阂缺乏互爱互助、理解与宽容，班级无法凝聚到一起，如散沙一盘。学生之间无休止的摩擦和矛盾将会使集体无法前进。况且，国际部就是小小"联合国"，这搞不好，班级问题就搞成"国际问题"了。

但渐渐地，我发现又有了变化，这得多亏班内"跳房子"活动的开展。

国际部班额小，每个班 20 人左右，教室的活动空间很宽裕。在教室地板上画了"房子"，学生们在课余就可以玩了。

世界各个国家都有"跳房子"的游戏，只是大家所画的"房子"的形状和数量的组合各有不同。"跳房子"不受场地限制，只要找个地方画几个格子，然后找一个沙包，如果没有沙包，找个小石头就可以玩了。学生们语言不通，听不懂，也不会说，从最开始我跳，到学生模仿，到大家都会跳后，开始分组比赛。在游戏活动中，他们开始通过一个眼神、一个微笑、一个动作沟通。这样，芳草课程活动营造出了勇敢、进取的氛围，使每个成员感受到集体生活的乐趣和力量，促使他们形成健康、丰富的感情。每一位学生都积极地参与活动，促进了他们相互沟通和交流。在团结合作、友爱互助的意识上，学生们有了更多的感悟，在比赛训练中的矛盾、纠纷、冲突出现得少了。理解、宽容、忍让、帮助、合作意识在班内相互影响并传递着。

活动中，在一些学习落后或是调皮的学生身上，我发现了他们平时未曾表现出的优点；一些本不是很要好的同学，经历了比赛的合作，彼此间有了更多的交流；一向羞涩腼腆的学生，在一次次赞赏中，也渐渐找到了勇气和自信。

通过这样的活动，学生的主观能动性得到充分发挥，学生间互相交流的机会增加了，学生间关系逐步协调了，这也为将来他们成为友谊"使者"奠定基础，同时为"世界和平"做出贡献。

芳草课程活动的开展，连接了来自世界各地的"你和我"。

北京市朝阳区芳草地国际学校国际部　曹艳红

点评：

曹艳红老师在芳草校本课程的开发和实施上充分考虑到教师自身的特长优势和国际学生成长的需要，特别是国际学生身心健康发展的需要，开始了以芳草校本课程为载体的探索，并取得了成功。

曹老师的"跳房子"课程与国际部学生教育相结合，具有多方面的培养点：增强了学生的自信心，增进了团体合作意识；不同国家的学生之间开始宽容大度，胜不骄，败不馁；学生学会了相互配合、运用规则，从中学会沟通、协调、合作；培养了学生的注意力、计算力、记忆力；教育了学生敢于面对困难……曹老师围绕培养点设计并实施了教学，使学生不但喜爱锻炼，而且学会锻炼，自觉自主锻炼，在锻炼中强健体魄，增强自身体质健康。"跳房子"活动不但在游戏中增强了学生锻炼的兴趣，提高了锻炼的质量，增强学生体质，而且促进了学生心理健康，引导学生更加自信，学会合作、观察和创造。

点评人：王丹

(二) 沟通中的理解

芳草课程鼓励学生与自身、他人、世界之间建立广泛而亲近的联系，帮助其实现对主客观世界的多重理解。要实现这一目标，沟通极为重要。借着丰富的芳草课程资源，教师或言语引导，或巧妙安排，用不同的沟通方式带领学生认识多元文化，开阔眼界，帮助学生由认识到了解，由了解到理解，并最终达到尊重多元文化。

1. 案例1　墨染花语，文传清香

中国是个历史悠久的文明古国，在我国面对外籍学生开展国际理解教育就更应聚焦中国传统文化，立足于课堂。我想课堂不仅是一叶起航的小帆，作为国际理解教育的载体引导学生在浩瀚的知海中探索；课堂也是一扇敞开的窗，我们应怀着国际理解的视野带领学生放眼世界，放眼未来。于是，在一堂中国水墨校本课的课堂上，学生在水墨的挥洒淋漓中开始了一段品绘、理解文化的旅程。

课前，我用水墨绘本的形式制作了故事动画。学生充满好奇地配合动画倾听元代著名画家王冕刻苦求学、淡泊名利的成长故事。学生不仅了解到了中国文人的不俗情怀，而且，接下来在看到这幅《墨梅图》时（图7-9），他们也似乎闻到了淡淡墨迹中散发出的丝丝花香。

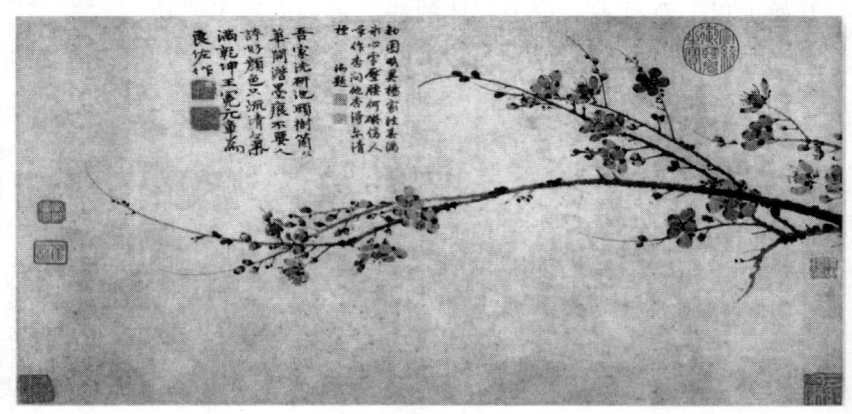

图7-9　墨梅图

我引导性地问道："同学们，这就是王冕手绘的墨梅。读一读题写的诗句，看一看晕染的笔墨，你能感受到画家借这枝梅花想要表达的意思吗？"学生争先恐后地回答，都能用自己的语言表达对作品、对画者的理解。其实，此刻的学生已经在不知不觉中开始接触并理解元代文人画的色彩及其托物寓意的独特魅力。

带着这种理解，学生在我的引导下体会着笔墨，同时，又在笔墨的行洒中感受着梅花的精神与气节。教室里散发出的不再只是淡淡的墨香，似乎还萦绕着花语的暗香和文化的浓意。

而这节课为我带来的惊喜还在后面，我将一幅幅梅花小品展示在学生面前，说道："老师相信，此时此刻每幅画中的梅花都有它们想说的话。请每位同学用一句话或一个词语来为这些作品题词。"有的同学说道"梅花香自苦寒来"，有的同学题道"俏不争春"，还有的同学竟为自己的作品吟诵了一首描写梅花的古诗。此时此刻，若不是他们有着金发碧眼的外表，真是令我难以相信他们竟是来自不同国家的外籍学生。

就在我陶醉其中的时候，突然间教室里传来了一个不一样的声音："老师，其实除了梅花，还有很多花也会说话！""哦？你来说一说。"我惊讶地看着他。"在我们国家过情人节都送玫瑰花，象征爱情……"话音刚落，班里的其他学生都不好意思地笑了，还传来了议论纷纷的声音。我大声地鼓励道："对呀！你想得可真全面！相信在不同的国家还有很多的花会说话呢！"此时，下面议论的声音小了，举手的同学多了。"老师，教师节送康乃馨，表达对师长的问候……"一个美国女孩说道。来自荷兰的小伙子也站了起来："在我们荷兰，郁金香最有名，而且有很多种颜色，不同的颜色有着不同的花语。"这时，班里唯一的一名爱尔兰学生说道："在爱尔兰，人们会将薰衣草绑在桥上，祈求好运到来。"这样的回答还有很多，一时间我似乎已经看到了玫瑰的艳丽，闻到了郁金香的清新，甚至仿佛漫步在薰衣草的花海中。

"是啊！同学们，虽然我们来自不同的国家，但我们都喜爱用花来寄托和表达情感。只是西方人的表达更加奔放直接，而东方人会更加含

构建中西融合的芳草课程

北京市朝阳区芳草地国际学校邀游计划成果

蓄地把情感藏匿在艺术的画作中。"说到了这里，我为这节课的学习揭开一个最终的谜底，同时也敞开了一扇理解之窗。

中国传统文化对于外籍学生来说是未知的，也是新奇的，是有距离感的，但也是可以靠近的。在这样一堂充满浓郁中国气息的水墨课上，学生不仅仅要掌握一定的工具、知识与技能，更应在这种氛围中体会墨韵文化，将对于文化的理解变成水墨中的精髓，自然地流露于笔锋，浮现于画面。作为一节校本课，每位来自不同国家的学生就像是课堂主流的分支，我作为引导者要将学生的思想汇集到中国传统文化这条主流中来，给予学生自由的空间汲取知识、融会贯通。而聪明可爱的学生们在最后又能够带着自己汲取的知识与文化各自分散开来，将课堂拓得更宽。

我想，这样一节国际理解教育下的美术校本课，它不仅是一节传授技能的美术课，也是一节传播文化的人文课；它不仅回望历史与传统，也在观望当代与未来；它不仅在理解着中国，也在包容着世界。我衷心希望这节水墨课不是仅仅挥染花语，而是能真正地沁润每一位学生成长的心灵！

北京市朝阳区芳草地国际学校国际部　吴琪

点评：

芳草地国际学校即将迎来60岁生日。60年中，已经有近万名芳草学子从这里走向世界，当不同肤色、不同语言和不同文化背景的学生汇聚到芳草地，带来的是中西文化的碰撞与融合。外国学生对中国文化的渴求，中国学生对外国文化的向往，成为课程开发的最好资源。2010年，学校全面构建芳草课程时，也把"践行国际理解、提升生命质量"确定为课程建设的核心思想。

在这堂课中，吴琪老师和国际部学生一起，欣赏梅花，吟咏梅花，墨绘梅花，语说梅花，再到"世界花语"，很好地体现了"以梅花为载体，以文化为核心，全方位渗透国际理解思想"的教学思路。在这个真实的、丰富的、充满文化味道的教学案例里，我们看到吴老师宽阔的课程视野、深厚的业务功底和文化底蕴。正像吴老师所述："它不仅是一节传授技能的美术课,也是一节传播文化的人文课;它不仅回望历史与传统,也在观望当代与未来;它不仅在理解着中国,也在包容着世界。"希望这种认识能为芳草课程的深入建设带来更新的境界,让每个芳草学子在形成双基的同时,发展兴趣特长,形成正确的价值观取向,成为具有"中国情怀、世界眼光"的芳草学子。

点评人:张宏

2. 案例2　孩子们去哪儿了

已经下课五分钟了,为什么班里的学生一个也不在楼道里?到底是怎么回事呢?我越想越担心,加快了脚步,直奔教室。我轻轻地走进教室,学生们并没有发现我,而是捧着书阅读,有时还蹦出一个单词。教室后面书架上的书明显少了,还有几个学生正在找书。原来,他们并没有玩什么电子玩具或者追逐打闹,相反,他们都在津津有味地阅读英语故事书,这不禁令我大吃一惊。

这到底是怎么回事呢?故事要从几个月前说起。有一天,我上完阅读课后,听到一个男孩指着另一个调皮的男孩告状:"Miss Huang(黄老师),他说您讲得没有外教讲得好。"我听了后心里特别不平衡,觉得自己上课非常辛苦,准备很充分,一节课上得筋疲力尽,没有功劳也有苦劳。你还当众说出来,让我的颜面往哪儿搁啊!我生气地让那个男孩跟随我出了教室,在楼道的一角,我深呼吸了两下,然后平静地问他:"为什么说我的课没有外教讲得好啊?"那孩子被同学"告发",忐忑不安,起初并不敢讲实话:"老师,我、我、我没有说。"作为一名教师,我知道他在说谎,他在掩饰。我注视着这个孩子的眼睛,笑了笑,就像朋友一样拍了拍他的肩膀,说道:"说吧,没关系,你说的好体现在哪些方面?"孩子想了想回答道:"我是觉得外教讲得更有意思。"他边说边低下了头。我让这个男孩回班了,自己沮丧地回到办公室。哎,原来我这头"老黄牛"只知道低头走路,不知道抬头看路。

从此以后,我开始"偷师",我向美籍专家提起了阅读教学中的困

构建中西融合的芳草课程

北京市朝阳区芳草地国际学校邀游计划成果

难，美籍专家详细地询问了我的教学过程，并给出了中肯的建议。我们对英语教材和分级阅读网站的内容进行了资源整合。起初，我担心学生们会有畏难情绪，也怕徒增学生的负担。在选材时，我关注选材的多样性，如浅显易懂的儿歌、习语、动物故事、幽默故事以及一些常识性的短文，只要学生有兴趣读，都列入考虑范围。在教学过程中，我渗透一些国外的文化知识，如节日文化知识等，特别是把一些教材内容与学生耳熟能详的动画片相结合，激发他们的阅读兴趣。在日常教学中，我更加注重与学生加强互动，通过讲述故事、运用实物、播放录音、多媒体展示等多种手段引出阅读材料，让学生有一个自主阅读和思考的过程，尽量少一些滔滔不绝的讲解，鼓励学生自己获得关键信息。同时，我注意引导学生在阅读中学会摘录信息，找出有用的词和句子，通过"引"让学生自己去分析、感知、发现、创造。最后，在阅读完成后，我尝试让学生自主表达。例如，在图片和词语的提示下，复述故事，鼓励学生以小组为单位，进行故事接龙；进行演讲、表演短剧等活动，背诵、改编和演唱一些英语歌曲等。课程结束后，我主动鼓励学生利用课余时间，开展课外阅读，互相交换英语课外书和视听材料等。

学生们这样学习了一两个月之后，他们非但没有觉得是一种负担，反而越发地喜欢上主题阅读课了。由于与教材中的主题紧密结合，学生在课堂上有话可说，还知道了关于同一个话题更多的方面，大大提高了词汇量。现在，每当学生一听说上主题阅读课，他们都兴奋得不得了。当自主阅读时，学生们端端正正地坐在自己的位置上，安静得甚至让我有些感动。学生们非常爱惜书，看完一页，轻轻地翻过去阅读另一页。时过境迁，我很感谢当初那个调皮的小男孩，是孩子的坦率直白让我意识到自己在教学方面的不足，从而借"力"调整阅读教学。

北京市朝阳区芳草地国际学校万和城实验小学　黄晓宇

点评：

英语已经成为国际交往和科技、文化交流的重要工具。学习和使用英语对汲取人类文明成果、借鉴外国先进科学技术、增进中国和世界的相互理解具有重要的作用。英语课程有利于提高整体国民素养，尤其对青少年未来发展具有重要意义。黄晓宇老师从教学实际出发，结合教学实践，由一个小男孩的直言不讳引出了小学英语教师在阅读教学方面的困惑，通过对比实施主题阅读教学前后的巨大变化，分享了该课程实施的具体方法，真实地表达了在实施主题阅读教学后的切身感受。通过黄老师的经历，我们一线教师强烈意识到转变教育教学观念势在必行。只有进行课程改革，不断摸索、调整我们的课堂教学，推动课程创新与实践，才能为学生奉献更好更新的精品课，使得他们学有所得、学有所成，看到更为广阔的世界！

点评人：姜伟

（三）开放中的发展

芳草课程放开了学生的话语权、质疑权、思考权，培养有想法、有创意、有激情、有梦想、有责任、有担当、有自信、有活力的芳草学子。这种开放的课程带来的是学生参与课程的广度、深度的变化。案例所反映出来的学生面貌，正吻合了学校开放型课程的基本定位，体现了理想课程与现实课程效果的高度一致性。

1. 案例1　由一次插嘴现象想到的

在课堂上学生"无视课堂纪律"而插嘴的现象屡见不鲜。它常常会让教师措手不及，也会使课堂秩序变得有些混乱。但是这一次，却让我改变了以往的看法。

教学"品德与社会"中"多山的国家"一课时，在明确"我国属于多山国家"后，我向学生提问："我国拥有大面积的山地，这为各方面的发展提供了许多有利因素。你们设想一下，如果让你们规划、使用这些山地，你们准备做些什么？"学生们一听，立刻来了兴趣，在经过片刻讨论后，纷纷说出自己的看法："如果要我来规划的话，我准备发展林业，东北大兴安岭、小兴安岭、长白山不就是成功的例子吗？""哎，我也有一个办法，就是搞好山地绿化，给野生动物创设一个良好的生存环境。到那时，野生动物数量会更多"……正当学生们兴致勃勃地表述自己的

构建中西融合的芳草课程
北京市朝阳区芳草地国际学校遨游计划成果

设想时，有位调皮的学生也把手举得高高的，嘴里还一个劲儿地说"我不同意"，甚至还没有得到我的允许，他就迫不及待地站了起来，说："刚才他们说的办法都很对，我也同意，但我不同意的是，我认为'多山'并不好。你们想呀，那么多的山地，怎么种粮食呀？如果没有粮食，我国 14 亿人怎么生活呀？"听了这位学生的意见后，其他学生开始交头接耳。从他们的表情看，有的认同，有的持反对意见，一时间，原本有序的课堂乱了起来。这种情况，在我的教学设计中是没有的。面对此，是板脸训斥？是置之不理？还是……我略加思忖，问道："谁还认为'多山'不好？"立刻，近三分之一的学生举起了手。在了解到这一信息后，我及时调整了下一步的教学设计，说道："既然我们大家意见不统一，那我们就以辩论的形式，摆事实，讲道理，说说你们各自的看法。"学生的回答是相当精彩的。正方认为："多山"具有众多发展的优势，可以发展林业、旅游业，环境优美，等等。反方认为："多山"不利于发展农业，交通不够发达等。在学生们充分表达完自己的意见后，我总结道："看待任何一个问题，都要以一分为二的观点去认识。'中国多山'是一个不可改变的事实，关键是人们如何因地制宜。如果人们能合理地开发和利用每一块土地，那它就会创造出意想不到的价值。"听到这样的结论，学生们都表示信服。就这样，一节课在学生们饶有兴味的、激烈的辩论中结束了。

看来，学生的插嘴现象看似是教学中的"不和谐音"，但在巧妙调整下，通过别具匠心地过滤其消极因素，提炼其有用的成分，不仅可以使插嘴成为课堂中一个美妙的插曲，而且能让教学锦上添花，收获意想不到的教学效果。

纵观教育工作中的繁杂，不容否认的是，在新型的师生关系下，学生课堂插嘴的现象会常常遇到。插嘴有时会打断教师的原有设想，打乱教学程序，可一旦被有效利用就会成为相应的、特别有意思的教学资源。如果学生的插嘴不尽如人意，甚至离题时，你怎样让他愉悦地坐下来？学生的插嘴富有挑战时，你如何应对，如何进行教学的二度开发，让学生插嘴成为教学资源，成为学生探究知识、发现规律的新起点？学生的插嘴是在一种没有约束、没有负担的情境中产生的，这种个性的张扬是真实的、积极的、有意义的。科学地处理学生的插嘴现象，将考验教师的理念、调控水平以及引导学生解决问题的能力。

面对课堂中出现的插嘴现象，教师在处理时要注意些什么呢？

一是关注生命的灵性，生成新的教学资源。

学生是具有主观能动性的人，他们是带着知识、经验、思考、灵感走进课堂的。教师若过分强调预设，把自己当成"主角"，而忽视学生的感受，就会使生命的灵性淹没在灌输里，学生所学的知识也只能禁锢在固有的框架之中。反之，在教学中，如果教师抓住课堂中临时生成的教学资源，并巧妙地为我所用，不仅能很好地扭转尴尬的局面，而且能使课堂氛围更加热烈，所获得的课堂效果更加精彩。

二是实现个性的张扬，搭建彼此交流的平台。

在理想的教学模式中，课堂教学应处处体现师生互动、生生互动。教师要珍视学生的独特感受、体验与理解，要努力实现思想与思维的碰撞、情感与情感的交融、心灵与心灵的接纳。在案例中，面对突然而至的插嘴，借以辩论的方式进行过渡，给学生呈现出一个更为广阔的探索空间，安排时间让学生说个痛快，满足他们交流、表达的需要，鼓励他们解放思想、拓展思维，让学生身处有限的教室，思维遨游在无限的空间。这样，实现了学生张扬个性的自我超越，课堂处处散发着灵性的光芒。

总之，教师面对学生的插嘴，不应该回避，而应趁机挖掘、开发、引申、利用、调整方向，重新设计和组织学生进行教学活动。不管由于学生插嘴使课堂横生出怎样的枝节，只要教师审时度势，随机应变，都可以将其转化为教学中的鲜活资源。

北京市朝阳区芳草地国际学校日坛校区　孟学文

点评：

在课堂教学中，学生出现插嘴的现象十分正常，不能简单地把插嘴

构建中西融合的芳草课程
北京市朝阳区芳草地国际学校遨游计划成果

看成学生的恶意捣乱，应该将它视为学生上课时认真听讲、积极思考的表现，是一种鲜活的资源。因为一节课的时间是有限的，对于每一个学生来说，被提问的机会不可能人人均衡，有些学生的表现欲望得不到满足之后，情急之下只能"一吐为快"了。在这个案例中，孟学文老师为大家提供了一个很好的解决插嘴问题的思路：针对学生的插嘴现象需要做出理性的思考，采取行之有效的对策，既要稳定课堂秩序，又不能挫伤这部分学生的积极性，让插曲变成主旋律。面对学生的插嘴，孟老师赋予学生的是鼓励引导：给学生一个表达的机会、一个自由想象的时空，真正地把课堂还给学生，让学生敢想、敢说、敢做，焕发出生命的活力；而且能为学生的奇思妙想喝彩，鼓励他们勇敢说出来，这样极大满足了学生的情感需要，令学生产生积极的、主动的、冲击式的学习欲望。

点评人：王颖

2. 案例2　无心插柳意外"生成"

在体育实践教学内容"开放"和"放开"的今天，体育课程改革什么？改观念。课堂主体是什么？是学生。主体地位怎样体现？看课堂气氛。课堂气氛怎样形成？看教师的三心：爱心、用心、耐心。这或许就是我对课程改革最深切的几点体会了。

培养具有"中国情怀、国际视野"的芳草学子是芳草教育的育人目标，芳草课程的构建在促进每个芳草学子"热爱中国、关爱世界""自信乐群、充满活力""善学乐思、充满好奇"中凸显它的艳丽。芳草体育课程如何改革，如何融入芳草课程？当时我的心中一片混乱、困惑、痛苦。

一次中午大课间活动，我询问同学们日常在家都有什么爱好。同学们的回答令人震惊。他们有的抱怨父母对学业管得忒严，没有什么活动安排，除了做作业就是看看书；有的说最喜欢玩电子游戏，可是要等到父母不在家或父母心情愉快的时候才能玩；只有几个同学说现在流行玩溜溜球，所以在玩具店买了一个，有空就玩玩。对于现在学生的童年生活游戏匮乏我是早有了解的，可是同学们的回答还是超出了我的想象：一方面，孩子们没有时间玩；另一方面，现在孩子们玩的游戏要么是网

第七章 芳草师生的实际获得

络游戏，要么是现成的玩具，对于学生的成长没有任何帮助。回想自己的童年时光，小时候的游戏充满着乐趣，放学后大家三群两伙地玩着不同的游戏。因为要玩的游戏许多都是要通过自己的双手来制作加工玩具，做玩具的过程也同样令人难忘。现在学生的动手能力差，制作玩具能够让学生动起手来，这不是一举多得吗？于是这次无心的闲聊，让我得到了意外的收获！真是无心插柳，意外"生成"课题——"在体育教学中开发利用中外体育游戏，提高学生身体素质"，让我找到了在体育课程上改革的方向。

我们都知道，传统体育历史悠久，源远流长，各个国家的传统体育项目都蕴含着丰富的思想和文化内涵。例如，我国佛教的"虚极静笃，悟于自身"和道教的"阴阳变化，太极之理"等思想就渗透到了武术等传统体育项目之中。现如今世界各国都在大力推广本国本民族的传统体育游戏活动，并将其作为本国学校体育教学的重要内容加以继承和弘扬。如何利用芳草地国际学校的实际条件，开发利用中外民族传统体育游戏，将其融入芳草体育课程中去？我们如何利用健康向上又具有浓郁民族意蕴的体育形式，引导学生感受祖国文化的丰富与优秀，培养学生的民族精神，发展学生的创新能力，促使学生各方面素质全面发展？于是我与同组教师一起开会，商讨这一想法，与科研刘彦晖主任探讨并得到支持。为了调动同学们的积极性，我们抓住同学们对父母控制自己游戏时间的不满情绪，给他们布置了一项有意思的作业——调查父母小时候都玩什么游戏。在这项作业的带领下，许多现在看来"土得掉渣"的老掉牙游戏被同学们一个个翻了出来，什么丢沙包、滚铁环、竹蜻蜓、跳房子、拍洋片……真是琳琅满目、五花八门。接下来，我引领同学们探究这些游戏器材的制作步骤，制作这些游戏需要的器材，组织同学们学习游戏的规则，组织大家在体育课中进行传统游戏比赛。在这个过程中，同学们始终充满浓厚的兴趣。

如果没有浓厚的学习兴趣就不可能产生学习的积极性，也不可能有克服困难去完成学习任务的意志。体育游戏往往来源于生活，贴切生

构建中西融合的芳草课程
北京市朝阳区芳草地国际学校遨游计划成果

活，有利于激发孩子们探求美好生活的热情。前期体育课程改革的工作让我们看到学生的热情，后期我们要把中外民族传统体育游戏融入体育课堂教学，进行探究，激发学生的学习兴趣，发展学生的身体素质。我们要借助体育游戏，灵活地把中外传统体育游戏作为体育教学内容的有益补充，结合体育内容让学生在游戏的情节之中扮演各自角色，更好地体会、认识生活。在游戏时，让学生情绪积极愉快，锻炼身体，促进身心的发展；要让学生把玩耍和体育内容有机结合起来，通过体育游戏的形式加以实施，较好地落实课程标准的要求。

北京市朝阳区芳草地国际学校日坛校区　关伟

点评：

作为一线教师，关伟老师能够主动地思考学科课程改革的问题，而且选择"中外游戏"为切入点，非常好，实属难能可贵。

生命在于运动。在多彩纷呈的体育项目中，尤其以体育游戏最为吸引学生。它以一种愉悦的气氛，让学生以轻松的心态，在欢声笑语中达到体育锻炼的目的。

体育游戏是游戏中的一种，它是按照一定的目的和规则进行的一种有组织的体育活动，具有锻炼性、教育性、趣味性、针对性和适度性。在体育教学中无论运用哪种游戏都必须具备学生、场地、器材和规则等要素。其中的规则尤其重要，因为无论哪种规则都能最大限度地培养学生遵规守纪的自觉性。体育游戏的锻炼性、趣味性是最基本、最本质的特征。体育游戏作为学校体育的一项重要内容或一种辅助手段，不仅应具有锻炼身体的价值，而且还应具有思想教育的价值。教师要有意识、有目的地促进学生身心的全面发展。

精心创编和合理运用体育游戏，可以丰富体育教学内容，激发学生学习、训练的自觉性和积极性，从而帮助学生增强身体素质、熟练掌握基本技术、提高训练水平，这对于达到良好的教学效果、保证教学任务的完成，是一种积极有效的手段。

点评人：刘彦晖

(四)交流中的创新

课程故事中有大量师生交流、生生交流的例子,还有与时代交流的应对措施。面对调皮、不愿学习的阿布,严厉批评不管用,温柔说服不管用,暗中告状也不管用,但在活动中的交流却改变了阿布,让他变得懂事知理。3D打印(三维打印)来了,3D课程紧跟着便开设了,有的学生还生发出了"打印一个教师带回家"的奇思妙想,多么有趣啊!

1. 案例1 他给校门上了三把锁

最近一直在读《小屁孩日记》,我感到主人公虽然淘气但十分活泼可爱,今天我也想跟大家分享一个"小屁孩"的故事。

一、新生阿布带给我的苦恼

阿布是去年一年级的新生,没来几天就全校闻名了:不遵守任何纪律,不写作业,排队时到处乱跑,打扰其他同学的学习,上课时大声说出与课堂无关的内容,午休时大嚷大叫,和同学打斗。怎么办?

在我的品德与生活课上,他会怎样表现呢?这天的教学内容是认识学校,由于学生已经上了10天学,对学校有了一定的认识,所以我带领孩子们画出校园中最吸引他们的一角。当阿布交上作品时,我诧异地问:"你画的是哪儿?"他说:"学校大门(图7-10)。"我又问:"你为什么在校门上画三把大锁呀?孩子们还怎么上学呀?"他答道:"旁边的小孩不是画着降落伞呢吗?飞进来呗。"我无语了,心想:这要是拿给心理老师看,会不会看出什么呢?能帮着孩子疏导一下就好了。

图7-10 阿布的画作:上锁的校门

构建中西融合的芳草课程

北京市朝阳区芳草地国际学校遨游计划成果

针对阿布的作业，我和好多教师交流过：他是不是不愿意上学，对学校有恐怖感，不喜欢学校？如何做能让这个小孩适应学校生活呢？我想了许多办法：严厉批评（比嗓音），不行；温柔说服（讲道理），不行；向班主任告状，不行。作为一名有十多年教龄的教师，我要抓狂了。我该怎么办？我在不停地问自己。

二、易知易行"慧"培养

到芳草工作以来，学校一直在谈芳草教育、芳草课程，并不断地对教师进行培训，芳草课程、知行课堂能不能对我的教学有所帮助呢？

一开始接触芳草课程时我是这样想的：我满课时，讲好自己的课就可以了，没时间顾及别的。经过一次次的培训，我渐渐发现，芳草课程的设置不但不与品德与生活（社会）教学相矛盾，还给我指明了研究的方向、学习目标的方向。

我们品德与生活课，是以学生生活为基础，以培养学生热爱生活为目标的活动型综合课程，具有生活性、活动性、综合性、开放性的特点。爱学校、爱家乡、爱祖国、了解世界，这都是我们的课程内容，是学生逐步扩展的生活领域。帮助学生参与社会、学会做人是我们课程的核心。

接下来我就以我在课上、课下开展的活动来讲讲我是如何践行芳草教育、如何让阿布爱上我们的课程的。

（一）课上活动

1. 单元主题活动

10月初，一年级的品德与生活课进入了第二单元"多彩的秋天"教学单元。在学生们描述了秋天的样子后，我们用画笔画了秋天。阿布先用黑色粗笔画了下雨的秋天，接着我指导阿布："秋天的果实是什么颜色的？秋天的树叶是什么颜色的？你再画画看。"看到阿布画出果实缀满枝头的果树，我开心极了："你把秋天丰收的图画带给妈妈看好不好？"我看到了阿布灿烂的笑脸。易知易行，我认为首先要让学生容易理解、容易做，在知行过程中获得快乐、自信。

2. 我爱芳草地(芳草课程)

为了引导学生更加热爱学校、热爱这片芳草地，我带领学生走进校园观察植物的生长。

学生们在校园里观察玉米、大豆、棉花等的生长情况，测量植物长高了多少。我仔细观察阿布，他也拿着尺子在认真观察呢。结果回到教室填写记录单时，我发现阿布不开心了，一脸严肃的表情，我上前询问："别的同学都在认真填写，你为什么不做呀？""我不会填！"阿布说。"你可以画出来的，看看身边同学是怎样做的。"我找来他们小组的成员，对他进行一对一帮助。在作业顺利完成后，我看到阿布脸上灿烂的笑容。之所以能大胆地带学生走进校园，开展实践活动，都是在学校芳草课程的引领下完成的，这不就是我们的"我爱芳草地"的校本课程吗？

3. 小组合作学习

进入二年级了，我们加强了小组合作学习，锻炼学生的合作能力、互助精神。但像阿布这样的孩子在分组活动时容易被忽视，有时我就单独给阿布一张纸让他试着独立完成，他能参与时就尽量让他参与进来。阿布独立完成的垃圾分类作业，得到了同学的肯定(图7-11)。小组同学也越来越接纳阿布，愿意帮助他完成课堂作业。

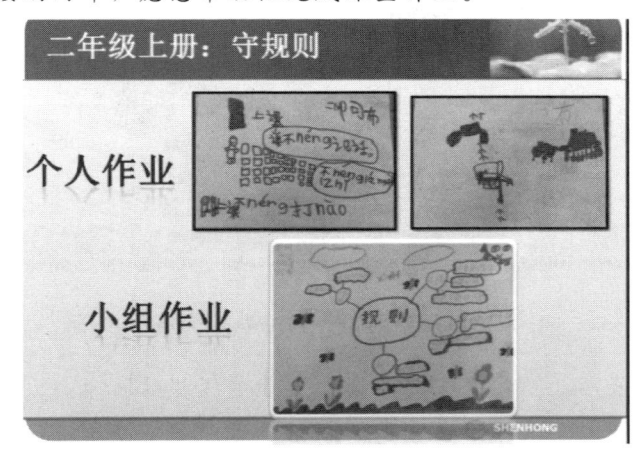

图 7-11　阿布的画作：垃圾分类

构建中西融合的芳草课程
北京市朝阳区芳草地国际学校遨游计划成果

（二）课外延伸

结合学校育人目标及集团假期有效作业要求，我们学科设计了"行遍中国、走遍世界"的主题活动。学生在寒、暑假里将旅游收获、体验，通过多种形式进行记录，在中午的广播中分享优秀作品，在网络上进行互动，教师用微课进行指导。通过活动，学生扩展了视野，夯实了能力，达到育人目的。

芳草地国际学校学生在芳草课程的引领下积极参与各项实践活动，开阔了视野。阿布也积极地参与了"行遍中国、走遍世界"活动。假期里，阿布在家长的带领下到全国各地去旅游，体会行走的力量。

三、心锁打开爱校园

在芳草教育的影响下，我力争关注每一位学生，提高学生参与活动的覆盖率，激发他们学习的兴趣，孩子爱学习、爱学校了，进而才能去学知识、长能力。现在的阿布怎么样了？在所有教师的帮助下，他不再那样容易激动了，二年级的他已经可以安静地上课了。从他现在的画作中我们不难发现，他已经爱上了我们的学校（图7-12）。

图 7-12　阿布的画作：芳草地实验小学

阿布是芳草众多学生中的一个，是芳草课程让阿布打开了扣在大门上的三把大锁，爱上芳草大家园。相信通过课程不断推进，会有更多的学生爱上芳草大家园！学生的发展不是由一个学科决定的，而是由多个学科共同形成的合力促成的。在芳草课程的引领下，我们共同为学生成长助力！

北京市朝阳区芳草地国际学校万和城校区　沈红

点评：

从上述案例中能看出芳草知行课堂对教师的影响，芳草教育培养出的教师会观察、懂学生、有智慧，是教师的爱让学生打开了心锁。

1. 敏感发现

教师要有一双善于发现的眼睛。新生阿布一入学就吸引了沈红老师的注意力，对学生完成的一份作业，沈老师从心理学的角度进行了细致入微的分析，经过悉心观察，找到适合学生的培养方法，通过一份份作业的变化，我们感受到阿布的成长。

2. 耐心倾听

每个学生都有优点，我们要用放大镜去寻找学生的优点。沈老师能够在教学的同时倾听学生的心声，发现学生的长处，给学生鼓励，促学生成长。

3. 智慧引导

在上课时沈老师组织了丰富的课堂活动，吸引学生的兴趣，调动学生认真完成每一次作业。学生的每一次成长中都能看出沈老师的智慧。做有智慧的教师，用智慧引领学生进步。

教育的最终目的是对人的培养，看到小阿布在芳草教育课堂快乐成长，这就足以说明芳草教育的成功。随着改革的不断深入，今后的课堂重在展现学生学习的过程、学生的感受、学生的体验。通过芳草课程故事的书写，教师能深刻领略到知行课堂带给学生们的思考空间是一般课堂达不到的，进一步提升了教师践行知行课堂的信心和想法。芳草教育一定能让更多的孩子受益。

点评人：王颖

2. 案例2　打印一个教师带回家

"曹老师，曹老师，我想打印个申老师带回家！"当我听到语轩天真

构建中西融合的芳草课程

北京市朝阳区芳草地国际学校遨游计划成果

的想法时很是好奇，于是高兴地问："为什么要打印申老师呢？"语轩望着我高兴地说："我太喜欢申老师了！我想让申老师给我讲更多3D打印的知识。"看到语轩发自内心地对3D打印充满强烈的好奇心和求知欲，我非常高兴。

这一幕是在学校2014年12月2日举办的"放飞梦想"科技教育系列活动——走进3D打印大讲堂中发生的真实故事，更巧的是当天还是语轩的生日。我们全校师生一起为语轩唱《生日歌》送上生日祝福，同时现场还使用先进的3D扫描设备对语轩进行全身扫描，使用3D打印机打印一个他的模型作为生日礼物送给他。于是好奇的语轩就向我诉说了想打印个申老师带回家的想法。活动当天学生们五花八门的问题，把我和申老师、安老师问得不亦乐乎。这让我深深地认识到学校深入开展科技教育工作的重大意义和历史责任！

国家高度重视科技教育及学生创新能力的培养，3D打印技术通过3D打印机的应用，对启发学生的创新思维、创造能力，激发学生学习科学的兴趣起到了很好的作用。芳草地国际学校开设3D打印课程，使芳草课程建设焕发勃勃生机。目前，3D打印已成为我们和学生热议的话题。课间学生们总是追着我和申老师询问有关3D打印的知识，小语轩只要有时间就到3D打印教室围着打印机问这问那，我真的是爱上了这个好奇的孩子。有一次，我笑着对他说："语轩，曹老师可喜欢你了。"话音未落，他吃惊地张大嘴巴："啊！真的吗？""当然是真的了，我太喜欢你了！"听到这儿，语轩高兴地蹦了起来。我搂着小语轩的肩膀，鼓励他："好好学习，掌握本领，你一定会打印出自己设计的作品的！"

我喜欢小语轩，因为从他身上我看到了他对3D打印技术强烈的好奇心和求知欲，这种好奇心和求知欲是推进学生继续学习的内在动力。打印一个教师带回家，表达了小语轩对学习3D打印技术的美好愿望。其实打印模型带回家并不难，难的是要及时满足学生对3D打印技术知识的渴望，作为科学教师的我如何帮助一个个乐学、善学、充满好奇的芳草学子呢？我想到了我们的芳草课程，3D打印课程也可以运用"忠实""拓展""整合""创生"策略，构建科学与人文结合、中西文化结合、课内外结合、全面发展与个性发展结合的芳草课程。3D打印课程也可以以信息技术为载体突出课程整合、学科穿越，以主题方式开展跨学科的学习。我们可以将3D打印课程与国家课程中科学、信息技术、劳动技术、美术、综合实践及校本课程中的航模、未来工程师、剪纸、创意DIY、太空种子种植实践与地球主题探索课程资源整合。例如，科学课上学生学习了各种简单机械知识后使用绘图软件设计绘制小扳手、齿轮联动车、小吊车、齿轮轮芯等模型。学生认识了飞机各部分功能后，结合航模课程所学的航空知识，设计各种飞机模型并用3D打印机打印出来。

为了更好地实施3D打印课程，我们还可以根据特定的学习内容、学生特点，设计适合学生发展的学习方式。可以利用地球主题探索课程平台将常规教学与虚拟班级相结合，网络学习与社会实践、书本学习相结合。教师、学生实行走班制充分发挥各学科教师的优势，共同培养乐学、善学、充满好奇的芳草学子。学生、家长在家中和教师在线上互动学习，分享学习的收获和快乐，真正实现"把老师带回家"的美好心愿。

芳草地国际学校整体构建国际化背景下的芳草课程体系，整体推进国家、地方、学校三级课程全面实施。为了让学生有更多的实践机会，学校根据主题探究的需要，拓展学生学习的时空，线上线下精心打造芳草教育知行课堂。这充分体现了学校"在体验实践中成长，在探究中创新"的课程实施理念。学校开展"放飞梦想"科技教育系列活动，就是课程立足于主题活动的开展。"打印一个教师带回家"就是芳草学子在自主实践中变被动为主动，自主获取知识经验，提高学习能力和思维水平的最好体现。

如今，芳草课程已经实现了小语轩"打印一个教师带回家"的梦想。通过学习，小语轩已经能使用软件设计出自己喜欢的卡通人物，下学期，小语轩就可以学习使用3D打印机将自己设计的卡通人物打印出来了。

3D打印打印学生心中的梦想，3D打印打印教育，打印未来！乐

构建中西融合的芳草课程

北京市朝阳区芳草地国际学校遨游计划成果

学、善学、充满好奇的芳草学子在丰富多彩的芳草课程中快乐成长，放飞梦想，成就未来！芳草师生大手拉小手共同努力实现科技报国的远大理想，共同努力实现我们美丽的芳草梦、教育梦、美丽中国梦！

北京市朝阳区芳草地国际学校丽泽分校　曹燕

点评：

"打印一个教师带回家"，多么新奇而有趣的想法！这是一位小学生在上完 3D 打印课后说出的一句话，就是这句话引发了教师的思考。曹燕老师不仅谈到了对 3D 打印课程、对芳草课程的认识，而且还充分认识到了运用学科整合、融合来引导学生进行综合性学习的重要性，真正做到通过课程来实现育人目标。

点评人：张健

参考文献

CANKAO WENXIAN

[1]樊秀丽．芳年华月 草生木长——芳草地国际学校教育发展史志(1956—2016)[M]．北京：首都师范大学出版社，2017

[2]联合国教科文组织．教育——财富蕴藏其中[M]．联合国教科文组织总部中文科，译．北京：教育科学出版社，1996

[3]联合国教科文组织．反思教育：向"全球共同利益"的理念转变？[M]．联合国教科文组织总部中文科，译．北京：教育科学出版社，2017

[4]张荣伟．"新课程改革"究竟给我们带来了什么？[M]．福州：福建教育出版社，2008

[5]常珊珊，李家清．课程改革深化背景下的核心素养体系构建[J]．课程·教材·教法，2015(9)

[6]陈辉英．提升课程理解力：教师课程能力培养的逻辑起点[J]．江苏教育研究，2017(31)

[7]陈卫东．提升教师课程素养的五个"华丽转向"[J]．教研管理，2017(12)

[8]成尚荣．儿童立场：教育从这儿出发[J]．人民教育，2007(23)

[9]成尚荣．儿童研究视角的坚守、调整与发展走向[J]．教育研究，2017(12)

[10]侯淑珍．浅析小学第二课堂面临的困境及解决路径[J]．读与写杂志，2013(4)

[11]李学书，陆佳．IB课程体系中探究素养的理论和实践研究[J]．外国中小学教育，2017(11)

[12]林崇德．构建中国化的学生发展核心素养[J]．北京师范大学学报（社会科学版），2017(1)

[13]吕利敏．提升教师课程执行力的路径探索[J]．产业与科技论坛，2017(23)

[14]彭虹斌．论课程与文化之间的关系[J]．教育理论与实践，2004(12)

[15]孙广杰，张春玲．基于IB理念的跨学科统整：助学生开启创新之门[J]．中小学管理，2016(10)

231

[16]吴晓英.中小学教师"教学领导力影响因素"问卷的编制与实施[J].教育与教学研究,2019(4)

[17]吴悠,朱德全.基于核心素养的小学课程整合研究——美国 Post Oak 学校 PYP 课程的经验与启示[J].教育探索,2019(1)

[18]谢鑫.教师"尊重儿童生命"课程素养的培育研究[J].教育科学论坛,2018(1)

[19]徐鹏,夏惠贤,陈法宝.IB 国际课程——理念与行动[J].外国中小学教育,2015(2)

[20]袁潇,徐辉.共享全球课程资源:国际课程开发实践社区的发展现状及展望[J].电化教育研究,2011(12)

[21]张荣伟.我国基础教育"十年课改"的反思[J].课程·教材·教法,2010(12)

[22]周钰,黄金珠."第二课堂"——活动促进学生全面发展的实践探讨[J].湖北成人教育学院学报,2008(3)

[23]朱传世.课程如何促进学生全面而有个性地发展[J].北京教育(普教版),2016(11)

[24]左璜.基础教育课程改革的国际趋势:走向核心素养为本[J].课程·教材·教法,2016(2)

[25]车丽君.国际文凭课程小学项目(PYP)研究[D].上海:上海师范大学,2011

[26]徐鹏.IB 国际课程研究[D].上海:上海师范大学,2015